Floresta de Provérbios

Com Milhares de Provérbios Antigos Portugueses

(Segunda Edição)

António Delicado

Bento Pereira

Ed: Miguel Carvalho Abrantes

Introdução

Este livro contém milhares de provérbios portugueses que datam de meados do século XVII, mais precisamente das duas compilações de provérbios mais antigas que chegaram aos nossos dias – os *Adágios Portugueses Reduzidos a Lugares Comuns* (de António Delicado, 1651), e o *Florilégio dos Modos de Falar e Adágios da Língua Portuguesa* (de Bento Pereira, 1655). São as primeiras obras nacionais sobre este tema, preservando por isso uma forma semi-embrionária de muitos dos provérbios que ainda utilizamos nos nossos dias, entre outros que foram sofrendo alterações, e até alguns que já se perderam por completo da nossa cultura portuguesa.

Em relação aos *Adágios Portugueses Reduzidos a Lugares Comuns*, da autoria de António Delicado e datado de 1651, que apresenta a sua compilação dividida em temas essenciais, preservou-se aqui essa ordenação na primeira parte deste livro, até porque ela nos permite inferir muita informação sobre o significado e uso original de cada uma das

2

expressões.

Já em relação ao *Florilégio dos Modos de Falar e Adágios da Língua Portuguesa*, da autoria de Bento Pereira e datado de 1655, que aqui apresentamos na segunda parte deste mesmo livro, foram transcritos todos os provérbios da segunda parte da obra (i.e. a primeira não contém quaisquer provérbios, mas apenas um conjunto de expressões latinas que eram igualmente usadas na língua portuguesa), tal como organizados no texto original.

Em ambos os casos tentou-se manter as palavras originais, salvo meras adaptações de pormenor – "agoa" -> "água", "em um" -> "num", "vejamonos" -> "vejamo-nos", e assim por diante – para que o seu sentido fosse mais fácil de perceber nos nossos dias, e nas anotações foram acrescentadas brevíssimas explicações de algumas palavras ou de sequências mais difíceis de compreender nos nossos dias[1]. Porém, omitem-se

---

1   Contudo, convém mencionar que não existiu qualquer intenção horizontal de comentar, ou explicar, todos os provérbios apresentados aqui.

aqui as expressões latinas presentes no *Florilégio dos Modos de Falar e Adágios da Língua Portuguesa*, que Bento Pereira dizia terem inspirado as portuguesas, porque em muitos casos essas suas associações e explicações estavam completamente erradas, e.g. num dado instante, referindo-se à expressão latina do "anel de Giges", ele diz que esta personagem heróica da Antiguidade tinha vários anéis com funções especiais, uma ideia que não parece ser verdadeiramente suportada por nenhuma das fontes literárias que nos chegaram da Antiguidade.

Em suma, esta é uma breve colecção de mais de um milhar de expressões proverbiais portuguesas, todas elas com mais de 300 anos, que esperamos que ainda agradem a alguns leitores (infelizmente, os jovens parecem ter cada vez menos interesse nestes temas...), fazendo-os sorrir com a forma como estas antigas expressões chegaram aos nossos dias.

Miguel Carvalho Abrantes

4

Provérbios organizados por temas (de 1651)

Afeição

1- Afeição cega a razão.

2- Ainda que não nos falemos, bem nos queremos.

3- Alma namorada de pouco é assombrada.

4- A mais obriga um rosto bem assombrado, que um homem armado.

5- Amor de pai, que todo o outro é ar.

6- Amor e reino não quer parceiro.

7- Amor de menino água em cestinho.

8- Amor, fogo e tosse a seu dono descobre.

9- Amor, dinheiro e cuidado não está dissimulado.

10-Amor, amor, princípio mau e fim pior.

11-Amor de rameira e convite de estalajeiro não pode ser que não custe dinheiro.

12-Amor louco, eu por ti e tu por outro.

13-As sopas e os amores, os primeiros são os melhores.

14-Bem ama quem nunca se esquece.

15-Como me cresceram favores, me recresceram as dores.

16-Cuidam os namorados que têm os outros os olhos

quebrados.

17-Coração partido sempre é combatido.

18-Deita-te a enfermar, saberás quem te quer bem e quem te quer mal.

19-Esquivança aparta amor, boas obras homizio[2].

20-Estado Real não tira o amor natural.

21-Guerra, caça e amores, por um prazer cem dores.

22-Um coração é espelho de outro.

23-Um cravo tira outro, um amor faz esquecer outro.

24-Hóspeda formosa dano faz à bolsa.

25-Lá vão os pés onde quer o coração.

26-Não dá quem tem, senão quem quer bem.

27-O amor verdadeiro não sofre coisa encoberta.

28-O amor dos asnos entra aos coices e aos bocados.

29-O amor a ninguém dá honra e a muitos dá dor.

30-O amor e a fé nas obras se vê.

31-Obras são amores, e não palavras doces.

32-O ciume sentido às vezes acorda o cão dormido.

33-O desejo faz formoso o feio.

34-Onde te querem, aí te convidam.

35-Pelos amores novos esquecem os velhos.

36-Quem ama a beltrão, ama o seu cão.

____

2   Algo como "O evitamento afasta o amor, as boas obras escondem-no".

37-Quem ama a mulher casada a vida traz
   emprestada.

38-Quem bem quer de longe vê.

39-Quem dá mão à pêra, comer quer dela.

40-Quem o feio ama, formoso lhe parece.

41-Quem quer bem diz-me o que sabe e dá-me do
   que tem.

42-Quem não aparece, esquece.

43-Quem tem afeição, não tem inteira razão.

44-Quem te dá um osso não te quer ver morto.

45-Quem tem amor atrás da portela, tanto olha até
   que cega.

46-Querei-me pelo que vos quero, não me faleis em
   dinheiro.

47-Quem em caça, guerra e amores se meter, não
   sairá quando quiser.

48-Se bem me quer João, suas obras o dirão.

49-Três irmãos três fortalezas.

50-Velho amador, inverno com flor.

Agradecimento

1- A dar está obrigado, a quem hás dado.

2- Ao agradecido mais do pedido.

3- A quem te der uma pássara, dá-lhe sua asa.

4- A quem dá o capão, dá-lhe a perna.

5- Do homem agradecido todo o bem é querido.

6- Uma mão lava a outra, e ambas o rosto.

7- Quem dá bem vende, se não é ruim o que recebe.

Agricultura

1- Abril águas mil coadas por um mandil[3], e em Maio três ou quatro.

2- Abril frio, pão e vinho.

3- Abril frio e molhado enche o celeiro e farta o gado.

4- Abril e Maio chove de todo o ano.

5- Água de Fevereiro mata o onzeneiro[4].

6- Água de lameiro todo o ano tem concerto.

7- Água de Março pior é que nódoa no fato.

8- Água de Agosto, açafrão, mel e mosto.

9- Água de São João tira o vinho e não dá pão.

10-Água de Maio pão para todo o ano.

11-Agosto e vindima não é cada dia.

12-Agosto madura e Setembro vindima.

---

3 Uma espécie de pano.

4 Ou seja, o usurário ou intriguista.

13-Agosto tem a culpa, Setembro leva a fruta.

14-Água de Maio vale os bois e o carro, e a de Julho vale os bois e o jugo.

15-A Judeu, nem a porco, não metas no teu horto.

16-A Inverno chuvoso, Verão abundoso[5].

17-A má erva depressa nasce e depressa envelhece.

18-A melhor cepa em Maio a deita.

19-Ano de neves, muito pão e muitos crescentes.

20-Ano de pêras nem de bêberas[6], nunca o vejas.

21-Antes [a]moreira que amendoeira.

22-Antes eu minta, que as novidades.

23-A lavrador descuidado os ratos lhe comem o semeado.

24-A par do rio, nem vinha, nem olival, nem edifício.

25-Assim se cria o horto como o porco.

26-A seu tempo vêm as uvas e as maçãs maduras.

27-Até o lavar dos cestos é vindima.

28-A terra, posto que fértil, se não descansa faz-se estéril.

29-A terra lavrada em Agosto à estercada dá de rosto.

---

5 Ou "abundante".

6 Uma bêbera, ou bêvera, parece ser um tipo de figo.

30-A terra que não cobre a si, mal me cobrirá a mim.

31-A ti chova todo o ano, e a mim Abril e Maio.

32-A vinha posta é bom compasso o primeiro ano agraço.

33-A vindima molhada acaba sempre aliviada.

34-A vinha onde pique e a horta onde regue.

35-A azeitona e a fortuna, às vezes muitas e às vezes nenhuma.

36-Azeite, vinho e amigo, o mais antigo.

37-Bem parece o rego entre mim e o meu companheiro.

38-Boa é a neve que em seu tempo vem.

39-Cada um colhe segundo semeia.

40-Carro que canta, a seu dono avança.

41-Casa, vinha e potro, faça-o outro.

42-Cava-me em pó, amanha-me em lodo, dar-te-ei vinho formoso.

43-Cevada grada a outro dia seguada.

44-Cevada sobre esterco, espera cento e se o ano for molhado, perde o cuidado.

45-Com água e com Sol Deus é o Criador.

46-Como vires a primavera, assim pelo al[7] espera.

47-Como vires ao faval, assim espera o al.

____

7 Ou "pelo mais".

48-Coisa que não se vende, ninguém a semeie.

49-Coruja de serão, água na mão.

50-Da grossura da terra vicejam os enxertos.

51-Das cores a grã, e das frutas a maçã.

52-De boa cepa pranta a vinha, e de boa mãe a filha.

53-De flor de Janeiro ninguém enche o celeiro.

54-Deita terra sobre terra, saberás o pão que leva.

55-Deita esterco ao pão, que as terras to pagarão.

56-Dia de Santiago[8] vai à vinha acharás bago.

57-Dia de São Mateus vindimam os sisudos e
  semeiam os sandeus[9].

58-Dia de São Pedro tapa rego.

59-Dia de São Martinho prova teu vinho.

60-Dia de São Pedro vê teu olivedo, e se vires um
  bago espera por cento.

61-Dia de São Barnabé se seca a palha pelo pé.

62-Do grão te sei contar, que em Abril não há de
  estar nascido, nem por semear.

63-Do vilão e do limão, o que tiver.

---

8 Provérbios como estes, que mencionam diversos
  santos, referem-se aos dias que lhes estavam
  dedicados e que eram considerados apropriados
  para realizar determinadas tarefas.

9 Ou "idiotas".

64-Em Abril queijos mil, e em Maio três ou quatro.

65-Em Agosto sardinhas e mosto.

66-Em Agosto aguilhoa o preguiçoso.

67-Em ano chuvoso o diligente é preguiçoso.

68-Em ano bom o grão é feno, e no mau a palha é grão.

69-Em cada prado uma vinha, e em cada bairro uma tia.

70-Em Janeiro põe-te no outeiro, e se vires verdejar põe-te a chorar, e se vires terrear, põe-te a cantar.

71-Em Janeiro mete obreiro, mês meante, que nem dantes.

72-Em Janeiro seca a ovelha suas madeixas no fumeiro, e em Março no prado, e em Abril as vai urdir.

73-Em Junho, foice no punho.

74-Em Maio vai e torna com recado.

75-Em Março, queima a velha o maço.

76-Em Março, nem rabo de gato molhado.

77-No Verão, cada um lava seu pano.

78-Entre couve e couve, alface.

79-Esteja a maçã e amadureça, que lá virá quem a mereça.

80-Em pombal caído, por demais é deitar trigo.

81-Em tal lugar, nem quero colher, nem semear.

82-Faz tua seara onde canta a cigarra.

83-Feno, em alto ou baixo, em Junho é cegado.

84-Fevereiro coxo, em seus dias vinte e oito.

85-Fevereiro, fêveras de frio e não de linho.

86-Fevereiro faz dia, e logo Santa Maria.

87-Fica-te embora mundo, deixar-me-ás Abril e Maio.

88-Frio de Abril nas pedras vá ferir.

89-Folga o trigo debaixo da neve, como a ovelha
   debaixo da pele.

90-Erva má, nem lhe empece a geada.

91-Horta com pombal é Paraíso Terreal.

92-Horta para passatempo, posta com tempo.

93-Horta sem água, casa sem telhado, marido sem
   cuidado, de graça é caro.

94-Horta nem celeiro não quer companheiro.

95-Uma água de Maio, e três de Abril, valem por mil.

96-Um grão não enche o celeiro, mas ajuda a seu
   companheiro.

97-Janeiro geoso, Fevereiro nevoso, Março
   molinhoso, Abril chuvoso, Maio ventoso, fazem o
   ano formoso.

98-Janeiro molhado, se não é bom para os pães, não
   é mau para o gado.

14

99-Junho, Junho, Agosto, senhora, não sou vosso.

100- Junto da urtiga nasce a rosa.

101- Lá vem Fevereiro, que leva a ovelha e o
carneiro.

102- Lavra por São João se queres haver pão.

103- Lavra com tempo e vá por ambos.

104- Lavra o meu boi pelo folgado e o teu por
afamado.

105- Lenha de figueira, rija de fumo fraca de
madeira.

106- Longo e estreito como o ano mau.

107- Lugar ventoso, lugar sem repouso.

108- Luar de Janeiro não tem parceiro, senão o de
Agosto, que lhe dá rosto.

109- Maus vinhos, todos são uns.

110- Maio couveiro não é vinhateiro.

111- Maio come o trigo, Agosto bebe o vinho.

112- Maio hortelão, muita palha e pouco pão.

113- Maio pardo, Junho claro.

114- Mais guarda a vinha o medo, que o vinheiro.

115- Mais pró faz o ano, que o campo bem lavrado.

116- Mais valem limpaduras da minha eira que o
trigo da tulha alheia.

117- Mais vale água do Céu que todo o rogado.

118- Mau ano hás-de aguardar, por não piorar.

119- Mau de carro, pior de arado.

120- Março marçagão, pela manhã rosto de cão, e
de tarde de bom Verão.

121- Março ventoso e Abril chuvoso, do bom
colmeal farão astroso.

122- Mato e rio, Deus mo dê por vizinho.

123- Melhor é ano tardio que vazio.

124- Melhor é palha que nada.

125- Menos vale às vezes o vinho que as borras.

126- Menina e vinha, peral e faval, maus são de
guardar.

127- Minguante de Janeiro corta madeiro.

128- Muito pão tem Castela, mas quem o não tem,
lazeira.

129- Metei-me em réstia, que cebolinha sou eu.

130- Muito trigo tem meu pai num cântaro.

131- Muito pão e má colheita.

132- Nasce na horta o que não semeia o hortelão.

133- Não hei medo ao frio, nem à geada, senão a
chuva porfiada.

134- Não há mau ano por muito pão.

135- Não há terra tão brava que resista ao arado,
nem homem tão manso que queira ser mandado.

136- Não há coisa que tanto pegue como a silva.

137- Não tires espinhas onde não há espigas.

138- Não há mau ano por pedra, mas guai[10] de quem acerta.

139- Não busques o figo na Ameixeira.

140- Não digas mal do ano até que seja passado.

141- Não é bom o mosto colhido em Agosto.

142- Não farás horta em sombrio, nem edifiques a par de rio.

143- Natal em sexta-feira, por onde puderes semeia, em Domingo vende os bois e compra trigo.

144- Nem compreis malhada, nem vinha desamparada.

145- Nem vinha em baixo, nem trigo em cascalho.

146- O arado barbudo e o lavrador barbado.

147- O bom mosto sai ao rosto.

148- O bom vinho a venda traz consigo.

149- O bom vinho escusa pregão.

150- O cabrito de um mês, o queijo de três.

151- O casal de ruim lavrador e a vinha do bom adubador.

152- O enxame de Maio, quem to pedir dá-lho, e o

---

10 Ou "Ai!"

de Abril guarda para ti.

153- O figo caído para o senhorio, e o que está quedo para mim o quero.

154- O fidalgo e o nabo, ralo.

155- Oliveira de meu avô, e figueira de meu pai, e a vinha que eu puser.

156- O mau ano em Portugal entra nadando.

157- O melão e a mulher maus são de conhecer.

158- O nabo e o peixe debaixo da geada cresce.

159- Onde alhos há, vinho haverá.

160- O nogal e o vilão às pancadas dão.

161- O pão puxa, que não a erva muita.

162- O que bem parece, devagar cresce.

163- O que lavra, crie, e o que guarda, não fie.

164- Os lugares solitários são jardins de corações afligidos.

165- Ou no princípio, ou no fim, Abril sói[11] ser ruim.

166- Outubro, Novembro, Dezembro, não busques o pão no mar, mas torna a teu celeiro e abre o teu mealheiro.

167- O velho põe a vinha e o velho a vindima.

168- Ovelha de casta pasce de graça e o filho de casa.

---

11 Ou "costuma".

169-   Pão e vinho, um ano meu outro de meu vizinho.

170-   Pão nascido nunca [é] perdido.

171-   Para a parte de Fevereiro guarda lenha.

172-   Pastor descuidado ao Sol posto busca o gado.

173-   Pela Madalena recorre a tua figueira.

174-   Planta muitas vezes transposta, nem cresce nem medra.

175-   Por Abril dorme o moço ruim, e por Maio o moço e o amo.

176-   Por dia de São Nicolau a neve no chão.

177-   Por Natal ao jogo, e por Páscoa ao fogo.

178-   Por todo Abril mau é descobrir.

179-   Por São Vicente toda a água é quente.

180-   Por Santa Marinha vai ver tua vinha, e qual a achares, tal a vindima.

181-   Por São Francisco semeia teu trigo, e a velha que o dizia semeado o tinha.

182-   Por Todos os Santos semeia trigo, colhe cardos.

183-   Por São Lucas sabem as uvas.

184-   Por Todos os Santos a neve nos campos.

185-   Por Santa Ereia toma os bois e semeia.

186-   Por São Simão Judas colhidas são as uvas.

187-   Por Santa Maria de Agosto repasta a vaca um
pouco.

188-   Por São Clemente alça a mão da semente.

189-   Primeiro de Maio corre o lobo e o veado.

190-   Qual é o cão, tal é o dono.

191-   Qualquer ramo em Janeiro torcido se está
quedo.

192-   Quando chove e faz Sol, alegre está o pastor.

193-   Quando chover em Agosto, não metas teu
dinheiro em mosto.

194-   Quando culpa a abelha, mel torna, e quando a
aranha, peçonha.

195-   Quando Deus quer com todos os ventos chove.

196-   Quando estiveres morto, torna-te à abelha e
ao porco.

197-   Quando floresce o maracotão[12], os dias iguais
são.

198-   Quando não chove em Fevereiro, não há bom
prado nem bom centeio.

199-   Quando minguar a Lua não comeces coisa
alguma.

200-   Quanto o trigo é louro, é o barbo como touro.

____

12 Ou "pêssego". A palavra anterior ainda é usada
em outras línguas, como no *melocotón* espanhol.

20

201-   Quando o rio não faz ruído, ou não leva água ou vai crescido.

202-   Quando troveja em Março, aparelha os cubos e o baraço.

203-   Quanto mais geia, mais aperta.

204-   Quando Maio acha nado, tudo deixa espigado.

205-   Quatro bois a um cabo se bem tiram para cima melhor para baixo.

206-   Quem ara e cria, outro fia.

207-   Quem a cera quer abrandar, as unhas há-de queimar.

208-   Quem azeite colhe antes de Janeiro, azeite deixa no madeiro.

209-   Quem azeite mete, as mãos unta.

210-   Quem se acolheu debaixo da folha, duas vezes se molha.

211-   Quem do escorpião está picado, a sombra o espanta.

212-   Quem em ruim parte tem a vinha, às costas a tira.

213-   Quem em um ano quer ser rico, ao meio o enforcam.

214-   Quem em terra boa semeia, cada dia tem boa estreia.

215- Quem em Maio relva, nem tem pão, nem erva.

216- Quem muitas estacas mete, alguma lhe prende.

217- Quem não cria, sempre pia.

218- Quem não tem bois, ou semeia antes ou depois.

219- Quem não debulha em Agosto, debulha com mau rosto.

220- Quem não tem boi, nem vaca, toda a noite ara.

221- Quem não poda em Março, vindima no regaço.

222- Quem a porcos tem medo, as moitas lhe roncam.

223- Quem quiser colher asinha, plante devagar e sem fadiga.

224- Quem semeia em caminho cansa os bois e perde o trigo.

225- Quem seu carro unta, seus bois ajuda.

226- Quem semeia, recolhe.

227- Quem semeia, em Deus espere.

228- Quem semeia em restolho chora com um olho, e eu que não semeei com dois chorarei.

229- Quem semeia em arneiros, semeia moios, colhe quarteiros.

230- Quem traz surrão, ou medrará ou não.

231- Quem tem ovelhas tem pelejas.

232- Quem tem casal de renda, semente de meias, bois de aluguer, quer o que Deus não quer.

233- Quem tudo contou, com bois não arou.

234- Quem tem abelha, covelha e moinho, entrará com el-rei em desafio.

235- Quem tem vinha em mau lugar, a olho vê seu mal.

236- Quem tem gado não deseja mau ano.

237- Queres bom cabaço, semeia-o em Março.

238- Quem ralo semeia, ralo leva a paveia.

239- Ramos molhados são louvados.

240- Se chove, chova; se neva, neve; que se não faz vento, não faz mau tempo.

241- Semeia cedo, colhe tardio, colherás pão e vinho.

242- Semeia e cria, terás alegria.

243- Se não chover entre Março e Abril, venderá el-rei o carro e o carril.

244- Se queres ter ovelhas, anda atrás delas.

245- Setembro ou seca as fontes, ou leva as pontes.

246- Sega a sua aveia quem ganhar deseja.

247-   Sol e boa terra fazem bom gado, que não
pastor afamado.

248-   Sol que muito madruga, pouco dura.

249-   Sol na eira, chuva no nabal.

250-   Sol roxo, água a olho.

251-   Sol posto, obreiro solto.

252-   Tardes de Março, recolhe teu gado.

253-   Tanto anda a linhaça, até que vai à cabaça.

254-   Tempo traz tempo, e chuva traz vento.

255-   Temporã é a castanha que por Março
arreganha.

256-   Trigo de cisirão, pequena massa grande pão.

257-   Trigo centeoso, pão proveitoso.

258-   Trigo acamado, seu dono alevantado.

259-   Tudo vem a seu tempo, e os nabos no
Advento.

260-   Vai-te embora Janeiro, cá fica o meu cordeiro.

261-   Vai-se o bem para o bem, e as abelhas para o
mel.

262-   Vai-se o tempo como o vento.

263-   Velho é Pedro para cabreiro.

264-   Vindima enxuta, colherás vinho puro.

265-   Vindima molhada, pipa asinha despejada.

266-   Vida de aldeia, Deus a dê a quem a deseja.

24

267-   Vinha entre vinhas, casa entre vizinhas.

268-   Verde é o que o lume não vê.

Amizade

1- A condição do bom vinho, como a do bom amigo.

2- A falta do amigo há-de-se conhecer, mas não
   aborrecer.

3- Alegria certa, candeia morta.

4- Amigo velho mais vale que dinheiro.

5- Amigos que se desavêm por um pão de centeio,
   ou a fome é muita ou o amor pequeno.

6- Amigo anojado, inimigo dobrado.

7- Amigos de todos, e da verdade mais.

8- Amigo quebrado soldará, mas não sarará.

9- Amigos de todos, e de nenhum, todo é um.

10-Amigo de bom tempo muda-se com o vento.

11-A mortos e a idos não há amigos.

12-Ao bom amigo, com teu pão e com teu vinho.

13-Aquele é teu amigo, que te tira do arruído.

14-Aqueles são ricos, que têm amigos.

15-A teu amigo não encubras teu segredo, que darás
   causa a perdê-lo.

16-A teu amigo, ganha-lhe um jogo e bebe-o logo.

17-A teu amigo diz-lhe mentira, se te guardar
paridade diz-lhe verdade.

18-Barca, jogo, e caminho do estranho, fazem amigo.

19-Bocado comido não ganha amigo.

20-Cada um dança como tem os amigos na sala.

21-Choram olhos de teu amigo e ele enterrar-te-á
vivo.

22-Com teu amigo e com teu inimigo o dinheiro
bolsinho.

23-Com todos faz pasto e com teu amigo, quatro.

24-Conta de perto, amigo de longe.

25-De amigo sem sangue, guarte não te engane.

26-De amigo reconciliado, e de caldo requentado,
nunca bom bocado.

27-De amigo que não valha, e de faca que não talha,
não me dá migalha.

28-De teu amigo o primeiro conselho.

29-De lá nos venham as pedras, de onde estão os
nossos.

30-Dinheiro emprestaste, inimigo ganhaste.

31-Diogo é bom amigo, mas mente de contínuo.

32-Diz ao amigo segredo, e pôr-te-á o pé no pescoço.

33-Do amigo, o que te quiser dizer.

34-Dois amigos de uma bolsa, um canta e outro

chora.

35-Em tempo de figos não há amigos.

36-Esse é meu amigo, que mói no meu moinho.

37-Honra que em baixo amigo se procura pouco dura.

38-Um romeiro não quer outro por parceiro.

39-Já os mortos não são nossos, nem os vivos bons
amigos.

40-Longas práticas fazem pequena a noite.

41-Mais descobre uma hora de jogo que um ano de
conversação.

42-Mais vale um bom amigo, que parente nem primo.

43-Mais valem amigos na praça que dinheiro na arca.

44-Melhor é dobrar que quebrar.

45-Melhor é deixar a inimigos que pedir a amigos.

46-Melhor é descoser que romper.

47-Muitos amigos em geral, e um em especial.

48-Muitos são os amigos, poucos os escolhidos.

49-Não há melhor espelho que amigo velho.

50-Não me pago do amigo que come o seu só, e o
meu comigo.

51-Não proves o amigo em coisa de interesse.

52-Não te assanhes com o castigo que te não dá o
teu inimigo.

53-Nem erva no trigo, nem suspeita no amigo.

54-No jogo se perde o amigo e se ganha o inimigo.

55-No queijo e no pernil de toucinho conhecerás a
   teu amigo.

56-Nunca esperes que te faça o teu amigo o que tu
   puderes.

57-O amigo fingido, conhecê-lo-ás no arruído.

58-O amigo e o genro não te acham pelo Inverno.

59-O amigo da aldeia teu seja.

60-O cabedal do teu inimigo, ou em dinheiro ou em
   vinho.

61-Preso, nem cativo, não tem amigo.

62-Quanto mais te dão, quanto mais amigos são.

63-Quem ao seu amigo dá de seu lugar, não o quer
   de si apartar.

64-Quem com cães se lança, com pulgas se levanta.

65-Quem com farelos se mistura, porcos o comem.

66-Quem com mel trata, sempre se lhe apega.

67-Quem de todos é amigo, ou muito pobre ou muito
   rico.

68-Quem é inimigo da noiva, como dirá bem do
   noivo.

69-Quem se te encomenda, caro se te vende.

70-Quem te não roga, não lhe vás à boda.

71-Queres que te siga o cão, dá-lhe pão.

72-Renego do amigo que cobre o perigo.

73-Vida sem amigo, morte sem castigo.

Amo e Criado

1- Anda a teu amo a sabor, se queres ser bom servidor.

2- Honra é dos amos o que se faz aos criados.

3- Já tu sabes mais que eu, vai-te buscar tua vida.

4- Manda o amo ao moço, o moço ao gato, e o gato ao rabo.

5- Mau é ter moço, mas pior é ter amo.

6- Não fartes o criado de pão, não te pedirá requeijão.

7- Não serás amado, se de ti só tens cuidado.

8- O moço e o galo, um só ano.

9- O moço e o amigo, nem pobre nem rico.

10-Quem dá o pão sem castigo não vai ao Paraíso.

11-Quem há de ser servido, há de ser sofrido.

12-Quem poupa sem mouro, poupa sem ouro.

13-Quem tem criados, tem amigos não escusados.

14-Ruim senhor cria ruim servidor.

15-São Miguel e São João passado, tanto manda o amo como o criado.

16-Senhores empobrecem, criados padecem.

Animais

1- A mais ruim ovelha do fato suja o tarro.

2- A raposa faz pela semana com que ao Domingo não vá à igreja.

3- Com um lobo não se mata outro.

4- Com cabeça de lobo ganha o raposo.

5- Corvos a corvos não se tiram os olhos.

6- Dá Deus asas à formiga, para que se perca mais asinha[13].

7- De mau ninho não crieis o passarinho.

8- De mau corvo, mau ovo.

9- De noite os gatos todos são pardos.

10-Dizem, e dirão, que a pega não é gavião.

11-Diz a abelha: "traz-me cavaleira, dar-te-ei mel e cera".

12-Do contado come o lobo.

13-Do mal guardado come o gato.

14-Do mal que faz o lobo apraz o corvo.

15-Dois pardais em uma espiga, nunca a liga.

16-Dois lobos a um cão bem o comerão.

____

13 Ou "depressa".

17-Duas aves de rapina não se guardam companhia.

18-Em Maio, rafeiro é galgo.

19-Em Maio deixa a mosca o boi e toma o asno.

20-E o cão com o osso.

21-Estorninhos e pardais, todos são iguais.

22-Fartura de lobo três dias dura.

23-Faz bem à gata, saltar-te-á na cara.

24-Feriste o javali, deixará quem seguia e tornará a
   ti.

25-Gato a quem morde a cobra, tem medo à corda.

26-Gato escaldado da água fria há medo.

27-Grande carga, fraca besta, dizem os corvos: nossa
   é esta.

28-Grande carga leva a carreta, maior a leva o dono
   dela.

29-Guarda da loba, quando se enoja.

30-Uma andorinha não faz verão.

31-Ladre-me o cão, não me morda.

32-Lobo tardio não toma vazio.

33-Lobo faminto não tem assento.

34-Lobo que presa toma, ainda que se vai não cerra
   a boca.

35-Mais vale um pássaro na mão, que dois que vão
   voando!

36-Mais magro no mato que gordo no papo do gato.

37-Mal ladra o cão, quando ladra de medo.

38-Mal vai a raposa quando anda aos grilos, e pior quando anda aos ovos.

39-Mal vai ao passarinho, na mão do menino.

40-Morta é a abelha que dava mal e cera.

41-Muito folga o lobo com o coice da ovelha.

42-Muito sabe o rato, mas mais sabe o gato.

43-Muito sabe a raposa, mas mais quem a toma.

44-Na boca do cão não busques o pão, nem no focinho da cadela a manteiga.

45-Não há besta fera que se não alegre com a sua companheira.

46-Não há tal doutrina como a da formiga.

47-Não é cabrito para o mesquinho.

48-Não pode o corvo ser mais negro que as asas.

49-Não quero bácoro com chocalho.

50-Nunca se matou ouriço-cacheiro às punhadas.

51-Nunca falta um cão que vos ladre.

52-Um cão com raiva de seu dono trava.

53-O cão no osso, a cadela no lombo.

54-O cão velho quando ladra dá conselho.

55-O leão é às vezes manjar de pequenas aves.

56-O leão real não faz mal.

57-O lobo muda a pele, mas não o vezo[14].

58-O lobo perde os dentes, mas não o costume.

59-Onde o lobo acha um cordeiro, busca outro.

60-O pior porco come a melhor lande[15].

61-O que a loba faz, ao lobo apraz.

62-O rabo é pior de esfolar.

63-Pássara que duas vezes cria, pelada tem a
    barriga.

64-Perdiz derreada, perdigotinhos guarda.

65-Porcos com frio e homens com vinho fazem
    grande ruído.

66-Quem mata alvéola[16] sabe mais que ela.

67-Quando ao gavião lhe cai a pena, também lhe
    caem as asas.

68-Quando em casa não está o gato, estende-se o
    rato.

69-Quando o lobo come outro, fome há no souto[17].

70-Quando o lobo vai furtar, longe de casa vai cear.

71-Quanto mais a vaca se ordenha, maior tem a teta.

72-Raposa que muito tarda caça aguarda.

____

14 Ou "o seu costume".

15 Ou "bolota".

16 Uma espécie de pássaro.

17 Ou "floresta".

73-Rato que não sabe mais que um buraco, asinha é tomado.

74-Ratos, arriba, que todo o branco é farinha.

75-Torna a cabra à silva, e a porca à pocilga.

76-Vieram porcos do monte, lançam-nos da nossa corte.

Asno

1- Abraçou-se o asno com a amendoeira, e acharam-se parentes.

2- A burra velha, cilha[18] amarela.

3- A burra de vilão, mula é de Verão.

4- Antes morto por ladrões que de coice de asno.

5- Asno que entra em defesa alheia sairá carregado de lenha.

6- Asno seja quem o asno vozeia.

7- Asno morto, cevada ao rabo.

8- Asno mau, junto de casa corre sem pão.

9- Asno de muitos, lobos o comem.

10-Asno por lama, o Demo o tanja; e pelo pó, o Demo haja dele dó.

11-Bem sabe o asno em cuja cara rosna.

___

18 Ou "cinta", possivelmente onde era presa a sela.

12-Besta de andar chão, para mim e para o meu irmão.

13-Brincai com o asno, dar-vos-á na barba com o rabo.

14-Burra velha de longe aventa as pegas.

15-Cada feira vale menos, como burro de Vicente[19].

16-Caminhante cansado subirá em asno não tendo cavalo.

17-Com raiva do asno, torna-se à albarda.

18-Darei a vida e alma, mas não a albarda.

19-De noite, à candeia, a burra parece donzela.

20-Em minha alma o deixas, meu é o asno.

21-Em morrer o asno não perde o lobo.

22-Ensaboar a cabeça do asno, perda do sabão.

23-Entre ponto e ponto, mordedura de asno.

24-Grão de milho em boca de asno.

25-Há um ano que morreu o asno, e agora lhe cheira o rabo.

26-Mais quero asno que me leve, que cavalo que me derrube.

27-Mau recado perdeu o seu asno.

28-Não é o bom bocado para a boca do asno.

---

19 É possível que este provérbio se refira a uma figura ou história entretanto esquecida.

29-Quem o asno gaba, tal filho lhe nasça.

30-Quem sua burra mal peia[20], nunca a veja.

31-Quer queira, quer não queira, o asno há-de ir à feira.

Astrologia para Agricultura

1- Há dias claros, escuros, nublados.

2- Água de torvam em partes dá em partes não.

3- Água salobra na terra seca é doce.

4- Agosto, frio em rosto.

5- Altas ou baixas, em Abril vêm as Páscoas.

6- Alto mar, e não de vento, não promete seguro tempo.

7- Ao princípio, ou ao fim, Abril costuma ser ruim.

8- Ao quinto dia verás que mês terás.

9- Branca geada, mensageira de água.

10-Cerco de lua pastor enxuga, se aos três dias não enxurra.

11-De dia de Santa Catarina ao Natal, mês igual.

12-Do Natal a Santa Luzia, cresce um palmo o dia.

13-Em Maio, a quem não tem baste-lhe o saio.

14-Grande calma, sinal de água.

---

20 Ou "prende".

15-Manhã ruiva, ou vento ou chuva.

16-Não são todos os dias iguais.

17-Névoa em alto, água em baixo.

18-Neve sobre lama, água demanda.

19-O dia de amanhã ninguém o viu.

20-O madeiro para tua casa, corta-o em Janeiro.

21-O Natal ao soalhar, e a Páscoa ao lar.

22-O tempo anda e desanda.

23-Por Santo André, todo o dia noite é.

24-Primeiro dia de Janeiro, primeiro dia de Verão.

25-Primeiro dia de Agosto, primeiro dia de Inverno.

26-Quer no começo, quer no fundo, em Fevereiro
    vem o entrudo.

27-Santa Luzia, cresce a noite, mingua o dia.

28-Sol de Abril, abre a mão deixa-o ir.

29-Sol de Inverno, sai tarde e põe-se cedo.

30-Sol de Janeiro, sempre anda trás o outeiro.

31-Sol de Março, pega como pegamaço e fere como
    maço.

32-Verão fresco, Inverno chuvoso, estio perigoso.

Avareza e Cobiça

1- A língua longa é final de mão curta.

2- Andar a pago, não pago, não é obra de fidalgo.

3- Ao avaro, tanto lhe falta o que tem como o que não tem.

4- Ao avarento rico, não tem parente nem amigo.

5- Avareza é suma da virtude.

6- A sede de Tântalo.

7- Da neve, nem cozida nem molhada, não tirarás senão água.

8- Mal se dói o farto e o rico do pobre faminto.

9- Mau é o rico avarento, mas pior é o pobre soberbo.

10-Na arca do avarento o Diabo jaz dentro.

11-O avarento por um real perdeu cento.

12-O dinheiro do avarento duas vezes vai à feira.

13-O escasso, por não dar não quer tomar.

14 O escasso cuida que poupa um e gasta quatro.

15-O escasso do real faz ceitil[21] e o liberal do ceitil faz real.

16-Quem muito pede, muito fede.

17-Quem não der das suas peras, não espere das alheias.

18-Tarde dar, e negar, estão a par.

---

21 "Uma coisa insignificante", sendo o ceitil uma moeda de pouco valor do tempo de D. João I.

Bondade

1- A cãs honradas não há portas fechadas.

2- A Deus e a el-rei não errarei.

3- Ao bom pano na arca lhe sai o amo.

4- As palavras boas são, se assim fosse o coração.

5- Cada cuba cheira o vinho que tem.

6- Chegai-vos à charola[22] e sereis dos honrados.

7- Cobra boa fama, faz o que quiseres.

8- Companhia de dois, companhia de bons.

9- Coração sem arte não cuida maldade.

10- De bons propósitos está o inferno cheio, e o céu de boas obras.

11- De juízes não me curo, que minhas obras me fazem seguro.

12- Desejo de soledade[23], ou muita virtude ou muita maldade.

13- De ruim ninho sai bom passarinho.

14- Deixemos pais, e avós, e por nós outros sejamos bons.

15- Do bom, bom penhor; e do mau, nenhum penhor

---

22 Talvez no sentido de "procissão"?

23 Ou "solidão".

nem fiador.

16-Do bom, tudo; e do ruim, nada.

17-Em bons dias, boas obras.

18-Faz boa farinha e não toques buzina.

19-Fazei vós o que bem digo, e não o que mal faço.

20-Mal lhe acabaste o bem.

21-Melhor é estar só que mal acompanhado.

22-Melhor é um pão com Deus que dois com o Demo.

23-O grande junto ao pequeno fica maior, e o bem junto do mal fica melhor.

24-O que há de haver a alma escrito está na palma.

25-Perde-se o bem ganhado, e o mal, ele e seu dono.

26-Pelas obras, e não pelo vestido, é o homem conhecido.

27-Por teu coração julgas o de teu irmão.

28-Quem arreda o azo, arreda pecado.

29-Rosto alegre com perdão, vingança é do baldão[24].

30-Segue a razão, ainda que a uns agrade, a outros não.

31-Todos queríamos ser bons, e alcançamo-lo os menos.

32-Virtude precede quando força cede.

---

24 Ou "daquele que não cumpre as suas obrigações".

Caça

1- A galgo velho, deita-lhe a lebre e não coelho.

2- A lebre é de quem a levanta e o coelho de quem o mata.

3- Andar com furão morto à caça.

4- A pássaro dormente tarde entra o cebo no ventre.

5- A perdiz com a mão no nariz.

6- A perdiz é perdida, se quente não é comida.

7- A pequeno passarinho, pequeno ninho.

8- À porta do caçador nunca grande monturo.

9- Aquela ave é má, que em seu ninho suja.

10-As folosas[25] querem dar nos grous.

11-Ás vezes corre mais o Demo que a lebre.

12-Ave de casa mais come do que vale.

13-Ave por ave, o carneiro se voasse.

14-Bem estavas em teu ninho, pássaro pinto.

15-Bem sabe a rola em que mão poisa.

16-Bom cão de caça até à morte dá ao rabo.

17-Caçar e comer começo quer.

18-Cão azeiteiro, nunca bom coelheiro.

19-Com este cajado mataste já outro coelho.

20-De casta lhe vem ao galgo ter o rabo longo.

---

25 Ou "fuinhas".

21-De má mata nunca boa caça.

22-Do gavião maneiro se faz o sáfaro[26], e do sáfaro o
   maneiro, segundo a têmpora do citreiro.

23-Em Dezembro a uma lebre galgos cento.

24-Em Janeiro, nem galgo lebreiro nem açor
   perdigueiro.

25-Fevereiro coveiro faz a perdiz ao poleiro; Março
   três ou quatro; Abril cheio está o covil; Maio, piu
   piu pelo mato.

26-Galgo que muitas lebres levanta, nenhuma mata.

27-Galgo varzino, ou muito velhaco ou muito mofino.

28-Galgo comprá-lo, e não criá-lo.

29-Gavião temporão, Santa Marinha na mão.

30-Ainda que a garça voe alta, o falcão a mata.

31-Levantas a lebre, para que outrem medre.

32-Mal haja o caçador doido, que gasta a vida com
   um pássaro.

33-Mentiras de caçadores são as maiores.

34-Metes os cães à moita, arredaste-a fora.

35-Não cava de coração senão o dono do furão.

36-Não crie cão quem lhe não sobeje pão.

37-Não é regra certa caçar com besta.

38-Não levantes lebre que outrem leve.

———————————

26 Ou "bravo".

39-Não se ganham trutas às bragas enxutas.

40-Nem de cada malha peixe, nem de cada mata
feixe.

41-Nunca bom gavião de francelho que vem à mão.

42-O açor e o falcão na mão.

43-O cevo[27] é o que engana, que não o pescador, que
tem a cana.

44-O galgo, à larga, lebre mata.

45-Pescador de cana mais come do que ganha, mas
quando a dita corre, mais ganha do que come.

46-Porfia mata veado, e não besteiro cansado.

47-Porfia mata caça.

48-Quando o lobo vai por seu pé não come o que
quer.

49-Quem pássaro há-de tomar, não o há-de enxotar.

50-Quem quiser caça vá à caça.

51-Se caçares, não te gabes; e se não caçares, não
te enfades.

52-Sede de caçador e fome de pescador.

53-Se assim corres, como bebes, vamo-nos às
lebres.

54-Se esta cotovia mato, três me faltam para quatro.

55-Tenho-te no laço, pombo trocaz.

____

27 Ou "o isco".

Caminho

1- Caminha pela estrada, acharás pousada.

2- Cuidado anda caminho, que não moço fraldido.

3- Cuidando de onde vás, te esqueces de onde vens.

4- Ei-lo vai, ei-lo vem, de Lisboa a Santarém.

5- Eis-me vou e venho a um olival que tenho.

6- Em Abril vai onde hás-de ir, e torna a teu covil.

7- Enquanto vai e vem, alma tem.

8- Em cada parte há pedaço de mau caminho.

9- Em caminho francês, vende-se o gato por rês.

10-Em chão de coice, quem não puder andar, choute[28].

11-Em Maio vai e torna com recado.

12-Esse mal farás que andes e não comas.

13-Uma passada má, quem quer a passa.

14-Ida boa, tornada nunca.

15-Ida sem vinda, como potros à feira.

16-Ida de João Gomez[29], foi em sela e tornou em

____

28 Ou "ande a trote".

29 A identidade deste homem é desconhecida. Seria uma figura famosa da época, mas entretanto esquecida?

alforges.

17-Jornada de mar não se pode taxar.

18-Mau é o romeiro que diz mal do seu bordão.

19-Muito gasta o que vai e vem, mas mais o que se detém.

20-Não há água mais perigosa que a que não soa.

21-Não há légua pequena, nem quartilho grande.

22-Não há talho sem trabalho.

23-Não tarda quem vem.

24-Nem em Agosto caminhar, nem em Dezembro marear.

25-O caminho não tem prazo.

26-O hóspede e o peixe aos três dias fede.

27-O que caminha a cavalo vive pouco, e o que anda a pé contam por morto.

28-Pão e vinho anda caminho, que não moço garrido.

29-Partir de casa é a maior jornada.

30-Pedra movediça não cria bolor.

31-Pés acostumados a andar não podem quedos[30] estar.

32-Pela ponte de madeiro passa o doido cavaleiro.

33-Para hóspedes a melhor iguaria é a alegria.

34-Peregrinos, muitas pousadas e poucos amigos.

---

30 Ou "parados".

35-Pés e mãos caminho andam.

36-Por onde vás, assim como vires, assim farás.

37-Por ouvir missa e dar cevada não se impede a jornada.

38-Por Sol que faça, não deixes a capa em casa.

39-Por velho que seja o barco, sempre passa o vau.

40-Quando durmo canso, que fará quando ando?

41-Quando fores de caminho não digas mal de teu inimigo.

42-Quem a cavalo passa a ponte, ao olho vê a morte.

43-Quem caminha por atalhos nunca sai de sobressaltos.

44-Quem caminha em carro, nem vai a pé nem a cavalo.

45-Quem corre pelo muro não dá passo seguro.

46-Quem devagar anda pouco alcança.

47-Quem embica e não cai, caminho adianta.

48-Quem não entrar no mar não se afogará.

49-Quem se não quer aventurar, não passe o mar.

50-Quem tem boca vai a Roma.

51-Ribeiras de Portugal, poucas e más de passar.

52-Rio torto dez vezes se passa.

53-Se queres aprender a orar, entra no mar.

54-Solas e vinho andam caminho.

55-Toda a Terra é uma, e a gente quase, quase.

56-Todos os caminhos vão ter à ponte, quando o rio vai de monte a monte.

57-Tomar atalhos novos e deixar caminhos velhos.

58-Tu ribeira, alta vais; não te passarei, não me levarás.

59-Tu que não podes, leva-me às costas.

60-Vai e vem, quem de seu tem.

61-Vão de orelha é perigoso.

62-Vê-de-la vai, e vê-de-la vem, como barco de Santarém.

Casamento

1- A boda, nem baptizado, não vás sem ser convidado.

2- A barba cã se entrega a moça louçã.

3- A boda do ferreiro, cada um com seu dinheiro.

4- A cabeça com mulher se endireita.

5- Acudi-me, cachopas, que já tenho botas.

6- A dor da mulher morta chega até à porta.

7- A filha casada, saem-lhe genros.

8- Ainda agora comem o pão da boda.

9- A magra baila na boda, e não a gorda.

10-Amizade de genro, Sol de Inverno.

11-A moço ataviado, mulher ao lado.

12-Antes que cases olha o que fazes, que não é nó que desates.

13-Antes barba branca para tua filha que moço de barba partida.

14-Antes velha com dinheiro, que moça com cabelo.

15-Ao bom marido, cevá-lo, com galinhas da par do galo.

16-Ao velho rezem casado, rezar-lhe por finado.

17-Ao marido serve-o como amigo, e guarte dele como inimigo.

18-A quem faz casa, ou se casa, a bolsa lhe fica rasa.

19-Assim é o marido amarelado, como casa sem telhado.

20-Assim medre meu sogro, como cão detrás do fogo.

21-A ti o digo filha, entende-o tu nora.

22-A viúva com o luto e a moça com o moço.

23-A viúva rica casada fica.

24-A viúva e o capão, quanto comem assim o dão.

25-A viúva rica com um olho chora e com outro repica.

26-Cada um canta como tem graça, e casa como tem

ventura.

27-Casa-te, e verás perder o sono, e nunca dormirás.

28-Casar e comprar, cada um com seu igual.

29-Casarás e amansarás.

30-Casareis, e em mantéis alvos alvos comereis.

31-Casa o filho quando quiseres, e a filha quando
  puderes.

32-Casar, casar quer bem, quer mal.

33-Casar me quero, terei o olho da panela e sentar-
  me-ei primeiro.

34-Casar, casar, soa bem e sabe mal.

35-Casar, casar, e quedo governo.

36-Casamento feito, noivo arrependido.

37-Com coisa velha, não te cases nem te alfaies.

38-Com teu vizinho, casarás teu filho e beberás teu
  vinho.

39-Casamento da par do lar, compadre de além do
  mar.

40-Cunhados e ferros de arado, debaixo da terra
  prestam.

41-Cresce o ouro bem batido, como a mulher com
  bom marido.

42-Da feia e da formosa, a mais proveitosa.

43-Da mão à boca se perde a sopa.

44-De bons e de melhores, à minha filha venham.

45-De dia em dia, casarás Maria.

46-De tais vodas, tais tortas.

47-Dor de cotovelo e dor de marido, ainda que doa
logo é esquecido.

48-De Castela, nem vento nem casamento.

49-Dor de mulher morta dura até à porta.

50-Em Janeiro te casa, companheiro.

51-Enquanto fui sogra nunca tive boa nora.

52-Enquanto fui nora nunca tive boa sogra.

53-Filha desposada, filha apartada.

54-Genro, pelo papo me vai rangendo.

55-Mais quero o velho que me honre, que moço que
me assombre.

56-Mau, ou bom, teu genro sou.

57-Marido não vejas, mulher cega sejas.

58-Moça com velho casada, como velha se trata.

59-Muitos concertadores desconcertam a noiva.

60-Moça virtuosa, Deus a esposa.

61-Não há casamento pobre nem mortalha rica.

62-Não há voda sem torna voda.

63-Não há panela tão feia que não ache seu cobertor.

64-Não há mulher formosa no dia da boda senão a
noiva.

65-Não concorda com o velho a moça.

66-Não compres mula manca, cuidando que há-de sarar, nem cases com mulher má, cuidando que se há-de emendar.

67-Não é brava a mulher que cabe em casa.

68-Não é nada, senão que matam a meu marido.

69-Não se lembra a sogra que foi nora.

70-Nem tão velha que caia, nem tão moça que salte.

71-Nem de menina te ajuda, nem te cases com viúva.

72-Nem mulher de outro, nem coice de potro.

73-Nem voda sem canto, nem morte sem pranto.

74-No rosto da minha filha vejo quando o Demo toma a meu genro.

75-Nora rogada, panela repousada.

76-O filha da tua vizinha, tira-lhe o ranho e casa-o com a tua filha.

77-O homem rico com a fama casa seu filho.

78-O marido e o linho, não é escolhido.

79-O marido, antes com um só olho que com um filho.

80-O mar, quem te vira casado.

81-O que não tem mulher cada dia a mata, mas quem a tem bem a guarda.

82-O saco do genro nunca é cheio.

83-Para mal casar, mais vale nunca casar.

84-Para mim não posso, e poderei para meu sogro.

85-Perda de marido, perda de alguidar; um quebrado, outro no poial.

86-Por cobiça de florim, não te cases com ruim.

87-Por afeição te casaste, a trabalho te entregaste.

88-Por casa, nem por vinha, não cases com mulher parida.

89-Quantas vezes te ardeu tua casa? Quantas criei filha.

90-Quem casa filha, depenado fica.

91-Quem casa por amores, maus dias e piores noites.

92-Quem casa com mulher rica e feia, tem ruim cama e boa mesa.

93-Quem longe vai casar, ou vai enganado ou vai enganar.

94-Quem mal marida, sempre tem que diga.

95-Quem não tem sogra, nem cunhada, é bem casada.

96-Quem tarde casa, mal casa.

97-Seja marido e seja grão de milho.

98-Seja o marido cão e tenha pão.

52

99-Seja Maria bem casada, e a outra haja má fada.

100-   Se queres bem casar, casa com teu igual.

101-   Tal genro, como o Sol de inverno.

102-   Tenhas ovelhas e não tenhas orelhas.

103-   Tenhas porcos e não tenhas olhos.

104-   Toma casa com lar, e mulher que saiba fiar.

105-   Tomai lá o que vos vem da boda.

106-   Triste da casa onde a galinha canta e o galo
    cala!

Castigo

1- Aborreci ao cogombro[31] e caiu-me no ombro.

2- A cada ruim seu dia mau.

3- A cada bacorinho vem seu São Martinho.

4- A forca nunca perde o seu.

5- Alcança, quem não cansa.

6- A mau capelão mau sacristão.

7- Amanse sua sanha quem por si mesmo se
    engana.

8- A má língua, tesoura.

9- A más fadas, más bragas.

10-Ao que mal vive, o medo o persegue.

----

31 Ou "pepino".

11-Ao ruim falta pousada, quer fora, quer em casa.

12-Ao ruim, ruim e meio.

13-Castigo de velha nunca fez mossa.

14-Castigar velha e espulgar cão, duas doidices são.

15-Castiga o bom [e] melhorará, castiga o mau [e] piorará.

16-Castigo de dura, uma no cravo outra na ferradura.

17-Com vento limpam o trigo, e os vícios com castigo.

18-Costas são que levam, e não panelas que quebram.

19-Em casa do enforcado não nomeies o baraço.

20-Mau virá que bom te fará.

21-Muitas vezes à cadeia, sinal é de forca.

22-Nem por coima de figos à cadeia.

23-Ninguém faz mal que não venha a pagar.

24-Ninguém venha com engano, que não faltará quem lhe arme o laço.

25-O castigo faz ao doido ter siso.

26-Quando vem ao soberbo o castigo, vem-lhe mais rijo.

27-Quem a um castiga, a cento fustiga.

28-Quem busca pau, dar quer.

29-Quem mal vive, por onde peca por aí se castiga.

54

30-Renego de grilhões ainda que sejam de ouro.

31-Tal te vejas entre inimigos, como pássaro na mão
   de meninos.

32-Trás apedrejado, chovem pedras.

Cavalo

1- A besta comedeira, pedras na cevadeira.

2- A besta louca recoveiro maduro.

3- A boa mão do rocim faz cavalo, e a ruim do cavalo
   faz rocim.

4- A cavalo novo cavaleiro velho.

5- A cavalo roedor, cabresto curto.

6- A cavalo dado nem olhes o dente.

7- Alazão tostado, antes morto que cansado.

8- A mula com afago, o cavalo com castigo.

9- Ao bom cavalo espora, e ao bom escravo açoite.

10-Ao primeiro potro de outro, e depois de meu
   vizinho, e depois meu, e de meu amigo.

11-Renego do cavalo que se enfreia pelo rabo.

12-Renego da besta que no Inverno quer sesta.

13-Ata curto, pensa largo, ferra baixo, terás cavalo.

14-Cabresto de cavalo não enfreia boi.

15-Cavalga, para não cair.

16-Cavalo corrente, sepultura aberta.

17-Cavalo que há-dê ir à guerra, nem corra lobo nem o abona a égua.

18-Cavalo ruço corre o mole e o duro.

19-Cavalo rucilho, ou ditoso ou mofino.

20-Cavalo alazão muitos o querem e poucos o ão[32].

21-Cavalo rifador e odre de bom vinho, pouco se logram.

22-Cavalo fouveiro, à porta do alveitar ou de bom cavaleiro.

23-Cavalo que voa não quer espora.

24-Cavalo alazão não esteve contigo o São João.

25-Cavalo formoso de potro sarnoso.

26-Cavalo galgaz corre a carreira.

27-Coices de égua, amores para rocim.

28-De uma pancada não se derruba o cavalo.

29-Do mar potros, porém poucos.

30-Égua cansada prado acha.

31-Eu e o meu cavalo, ambos temos um cuidado.

32-Grande pé, e grande orelha, sinal é de grande besta.

33-Mais vale ruim cavalo que ter asno.

34-Nem o moço por ranhoso, nem o potro por

____

32 No sentido de "têm".

sarnoso.

35- O cavalo limpa a égua.

36- O coice da água não faz mal ao potro.

37- O melhor penso do cavalo é o penso de seu amo.

38- O olho do amo engorda o cavalo.

39- O rocim, em Maio, torna-se cavalo.

40- Passem os potros como os outros.

41- Prado faz cavalo, e não monte largo.

42- Quem compra cavalo, compra cuidado.

43- Quem diz mal da égua, esse a compra.

44- Quem quer cavalo sem tacha, sem ele se acha.

45- Quem sela dianteiro se acha muito traseiro.

46- Seja ruço o cavalo, e seja qualquer.

Ciência

1- A letra com sangue entra.

2- A ciência é loucura, se o bom siso a não cura.

3- Gramático desfavorecido não tem assado nem cozido.

4- Nem todos os que vão ao estudo são letrados.

5- Nem de todo o pão se faz Mercúrio.

6- O mau som dana a cantiga.

7- Quem ler, leia para saber; quem souber, saiba

para obrar.

8- Salamanca, a uns fará e a outros manca.

Cobiça

1- A cobiça rompe o saco.

2- A galinha da minha vizinha é mais gorda que a
minha.

3- Ao avaro tanto lhe falta o que tem, como o que
não tem.

4- Em tal signo nasci, que mais quero para mim que
para ti.

5- Um em papo, outro em saco.

6- Um em papo, outro em saco, e chora pelo do
prato.

7- Melhor me pareceu teu jarro amolgado, que o
meu são.

8- Não pode lograr o seu, o que espera pelo alheio.

9- Ninguém seria vendeiro, se não fosse o dinheiro.

10-Partilha de Lisboa com Almada, que uma leva
tudo e a outra nada.

11-Partamos como irmãos; o meu, meu, e o teu de
ambos.

12-Por melhoria minha casa deixaria.

13-Quem mais tem, e mais quer, com seu mal morre.

14-Quem mais quer que bem, a mal vem.

15-Quem por cobiça veio a ser rico corre mais perigo.

16-Quem quer enricar num ano, aos seis meses o
enforcam.

Comer

1- A vaca, bem cozida e mal assada.

2- A perdiz com a mão no nariz.

3- Bebedice de água nunca se acaba.

4- Bem canta Marta, depois de farta.

5- Bem sabe o bom bocado, se não custasse caro.

6- Bem se lambe o gato depois de farto.

7- Bem come o vilão, se lho dão.

8- Bem canta o Francês, papo molhado.

9- Bem sei o que digo, quando pão pido.

10-Bocejo longo, fome ou sono.

11-Bole com o rabo o cão, não por ti, senão pelo pão.

12-Bom de convidar, mau de fartar.

13-Bom comer traz mau comer.

14-Cada dia peixe amarga o caldo.

15-Caro é o mel para o guloso.

16-Carne mal lograda cozida, então assada.

17-Carne de peito sem proveito.

18-Carne de acém é pouca, e sabe bem, mas não é
    para quem filhos tem.

19-Carne magra, de porco velho.

20-Carne nova de vaca velha.

21-Com açúcar e com mel até pedras sabem bem.

22-Comamos e bebamos, e nunca mais valhamos.

23-Comida sem caldo, papo dissecado.

24-Comida de fidalgos, pouca em mantéis alvos.

25-Comi papas por engordar, saíram-me por ceia e
    por jantar.

26-Comei mangas aqui, que a vós honram, e não a
    mim.

27-Comer toda a vianda, tremer toda a maleita.

28-Da mão à boca se perde a sopa.

29-Dá-mo de vez, dar-to-ei saboroso.

30-Das cores a grã, e das frutas a maçã.

31-De caldo requentado nunca bom bocado.

32-Deitar sopas e sorver, não pode tudo ser.

33-Deita-me, e farta-me, e se não dormir mata-me.

34-Deus me dê pai e mãe na vila, e em casa trigo e
    farinha.

35-De vinho abastado, de razão minguado.

36-Depois de beber, cada um dá seu parecer.

37-Duas ceias más em um ventre cabem.

38-Duro de cozer, duro de comer.

39-Em casa de Maria Parda[33], uns comem leite, outros nata.

40-Em cada casa comem favas, e na nossa às caldeiradas.

41-Fazei-vos mel, comer-vos-ão as moscas.

42-Fogo viste, linguiça.

43-Grande saber é não escutar e comer.

44-Um sabor tem cada caça, mas o porco cento alcança.

45-Um ovo há mister[34] sal e fogo.

46-Ir-se-ão os hóspedes, comeremos o pato.

47-Isto quer Martinho, sopas de vinho.

48-Mais quer a ceia que toalha seca.

49-Mais vale duro que nenhum.

50-Mais dias há linguiças?

51-Mais quero para meus dentes que para meus parentes.

52-Mais vale dois bocados de vaca, que sete de pata.

53-Marta piedosa mastiga ovo aos enfermos.

---

33 Poderá referir-se à "Maria Parda" de um texto de Gil Vicente.

34 Ou "tem necessidade".

54-Meu ventre cheio, se quer de feno.

55-Melhor é podre que mal comido.

56-Melhor é um pão duro que figo maduro.

57-Na mesa cheia, bem parece iguaria alheia.

58-Não há carne perdida, senão lebre assada e perdiz cozida.

59-Não há manjar que não enfastie, nem vício que não enfade.

60-Não há prazer onde não há comer.

61-Não bebas coisa que não vejas, nem assines carta que não leias.

62-Não comas cardos com dentes emprestados.

63-Não é o mel para a boca do asno.

64-Não é tacha beber por borracha, quando não há taça.

65-Não metas a mão em prato onde te fiquem as unhas.

66-Não se pode fazer a par, comer e soprar.

67-Não tem que comer, senta-se à mesa.

68-Não faças do queijo barca, nem do pão São Bartolomeu.

69-Nem com toda a fome ao cesto, nem com toda a sede ao pote.

70-Nem mesa que bulha, nem pedra na serrilha.

71-Nem mesa sem pão, nem exército sem capitão.

72-Nem comas muito queijo, nem do moço esperes conselho.

73-Negra é a ceia em casa alheia.

74-No comer e no falar é a moça igual.

75-No forno se ganha, no forno se perde.

76-No escudelar verás quem te quer bem, ou mal.

77-No tempo que se come, não se envelhece.

78-Nunca boa olha com agraço.

79-Nunca metas escaravelho por cozinheiro.

80-O bom mosto sai ao rosto.

81-O convidado mostra-se amigo, mas não letrado.

82-O farto, do jejum não tem cuidado nenhum.

83-O figo caído para o senhorio, e o que está quedo para mim quero.

84-O melão e o queijo, toma-o a peso.

85-Onde entra beber, sai o saber.

86-Onde entra conduto, não entra para muito.

87-Onde te querem, aí te convidam.

88-O pão pela cor e o vinho pelo sabor.

89-O pato pela mão do escasso.

90-O que sardinha quer é picar e beber.

91-O que come minha vizinha não aproveita à minha tripa.

92-O que me houveres de dar cozido dá-mo assado, perdoar-lhe-ei o caldo.

93-O que houveres de comer, não o vejais fazer.

94-O queijo do Alentejo, o vinho de Lamego.

95-O que reparte, toma a melhor parte.

96-O ruim se senta na mesa, talhada que toma a todos pesa.

97-O sal, quanto salga, tanto vale.

98-Osso que acabas de comer, não o tornes a roer.

99-Ovo assado, meio, ovo cozido, ovo inteiro, frito, ovo e meio.

100- Ovo brando, comer embaraçado.

101- Ovo de Portugal não há mister sal.

102- O ventre em jejum não ouve a nenhum.

103- Ou magro, ou gordo, aqui está o porco todo.

104- Ovelha que berra, bocado perde.

105- Panela de muitos, mal comida e pior mexida.

106- Panela que muito ferve, o sabor perde.

107- Panela sem sal, faz conta que não tem manjar.

108- Pão de centeio, melhor é no ventre que no seio.

109- Pão comesto, companhia desfeita.

110- Pão de vizinho tira o fastio.

111- Pão puxa que nem erva muita.

112-   Pão, e vinho, e parte no Paraíso.

113-   Pão alheio caro custa.

114-   Pão mole e uvas, às moças põe mudas e aos
velhos tira as rugas.

115-   Pão quente, muito na mão e pouco no ventre.

116-   Pão quente fome mete.

117-   Pão com pão, e a serra com a mão.

118-   Pão com olhos, e queijo sem olhos, e vinho
que falte nos olhos.

119-   Pão que sobre, carne que baste e vinho que
falte.

120-   Papas sem pão, abaixo se vão.

121-   Para ir à mesa, mais se requer que ser hora de
terça.

122-   Para rabão e queijo, não há mister trombeta.

123-   Pela boca se aquenta o forno.

124-   Perdiz é perdida, se quente não é comida.

125-   Perdigão gordo, pássara magra.

126-   Perdoo-te o mal que me fazes pelo bem que
me sabes.

127-   Por carne, vinho e pão, deixo quantos
manjares são.

128-   Para que apara a maçã quem lhe há-de comer
a casca.

129-   Por isso se come toda a vaca, porque um quer da perna outro da espalda.

130-   Porcos com frio e homens com vinho fazem grande ruído.

131-   Pouco rosalgar não faz mal.

132-   Pouco fel dana muito mel.

133-   Preta é a pimenta e vão por ela à tenda, e alvo é o leite e vendem-no pela cidade.

134-   Prova teu caldo não perderás teu pão.

135-   Quando cuidas meter o dente em seguro, toparás o duro.

136-   Quando fores ao mercado, pão leve e queijo pesado.

137-   Queijo de ovelhas, manteiga de vacas, e leite de cabras.

138-   Queijo, pêro e pão, comer de vilão.

139-   Queijo, pão e pero, comer de cavaleiro.

140-   Quem à mesa alheia come, janta e ceia com fome.

141-   Quem a mão alheia espera, mal janta e pior ceia.

142-   Quem bem come e bebe, bem faz o que deve.

143-   Quem come a carne, roa o osso.

144-   Quem come e deixa, duas vezes põe a mesa.

145-   Quem de vinho fala, sede há.

146-   Quem escudela de outro espera, fria a come.

147-   Quem mal quiser cear, à noite o vá buscar.

148-   Quem mal enforna tira os pães tortos.

149-   Quem primeiro anda, primeiro manja.

150-   Quem quiser comer, migue.

151-   Quem quiser mal à sua vizinha, dê-lhe em
Maio uma sardinha.

152-   Quem sua vianda vê aparelhar, farta-se antes
de cear.

153-   Quem se queima, alhos come.

154-   Quem tanta água há-de beber, há mister de
comer.

155-   Quem sobre salada não bebe, não sabe o bem
que perde.

156-   Quem um sabor quer, outro há-de perder.

157-   Quem deita água na garrafa de golpe, mais
derrama do que colhe.

158-   Quem é amigo de vinho, de si mesmo é
inimigo.

159-   Saramago com toucinho é manjar de homem
mesquinho.

160-   Se comeste antes que vás à igreja, depois não
te porão a mesa.

161-   Se mal jantas, pior ceias, minguam-te as carnes, crescem-te as veias.

162-   Se não bebo na taverna, folgo nela.

163-   Se não houvera mais alhos que canela, o que eles valem valerá ela.

164-   Se o vilão soubesse o sabor da galinha em Janeiro, nenhuma deixaria o poleiro.

165-   Tudo há mister arte, e o comer vontade.

166-   Vésperas da aldeia põem a mesa e ceia.

Criado

1- A mau moço, mau amo.

2- A moço mal mandado, ponde a mesa, mandai-o com recado.

3- A moça que seja boa, e a moço que tenha ofício, não lhe podes dar melhor benefício.

4- Antes perderei a soldada que tantos mandados faça.

5- Assaz pede quem bem serve.

6- Faz o que manda teu Senhor, sentar-te-ás com ele ao Sol.

7- Moço de frade, mandai-o comer e não que trabalhe.

8- Moço guloso não é bom para rendeiro.

9- Não há maior feitiço que o bom serviço.

10-Pano largo e bom feitor fazem rico ao
   comendador.

11-Perdi meu senhor, mal falando, ouvindo pior.

12-Por isso te sirva, porque me sirvas.

13-Quem a dois senhores há-de servir, a algum há-de
   mentir.

14-Quem a outrem serve não é livre.

15-Quem bem serve, galardão merece.

16-Quem bom e mau não pode sofrer, a grande
   honra não pode vir ter.

17-Quem pode ser seu, em ser de outrem é sandeu.

18-Quem pode ser livre, não se cative.

19-Quem serve a moço e a mulher e a comum não
   serve nenhum.

20-Quem serve a dois senhores, a algum deles há-de
   agravar.

21-Quem tem criados tem inimigos não escusados.

22-Quer chova, quer não chova, meu amo que coma.

23-São Miguel e São João passado, tanto manda o
   amo como o criado.

24-Sê moço bem mandado, comerás à mesa com teu
   amo.

25- Se queres ter bom moço, antes que nasça o
   busca.

26- Se queres ser bem servido, serve a ti mesmo.

27- Serve a senhor, saberás que é dor.

28- Serve ao nobre, ainda que pobre, que tempo virá
   em que to pagará.

29- Tão bom é Pedro como seu amo.

30- Vai-se o comido pelo serviço.

Dádivas

1- Dádiva de ruim, a seu dono parece.

2- Da pele alheia, grande correia.

3- Darei a vida e alma, mas não a albarda.

4- Dar-lhe-ão, e dar-nos-há, e dar-vo-lo-hemos.

5- Mais abranda o dinheiro que palavras de
   cavaleiro.

6- Quem bem me faz, esse é meu compadre.

7- Tal é o dado como seu dono.

Demasia

1- Ainda estas lamas hão-de ser pó.

2- A carga bem se leva, a sobrecarga causa a queda.

3- Cão que muito lambe tira sangue.

4- Do pão do meu compadre, grande pedaço a meu afilhado.

5- Do ruge, ruge[35], se fazem as cascavéis.

6- Em o Verão por calma, e o Inverno por frio, não lhe falta achaque de vinho.

7- Em tua casa não tens farinha, e na alheia pedes galinha.

8- Estende-se como vilão em casa de seu sogro.

9- Fazer bem a velhacos é deitar água no mar.

10- Não passes o pé além da mão.

11- Não posso ter a boca cheia de água e assoprar ao fogo.

12- O demasiado rompe o saco.

13- Por demais é a cítola no moinho, quando o moleiro é surdo.

14- Quem mal canta bem reza.

15- Quem quer mais que bem, a mal vem.

16- Quis-me fazer mel, comeram-me as moscas.

17- Tanto pica a pega na raiz do trovisco, que quebra o bico.

18- Vá a corda trás o caldeirão.

19- Vender mel ao colmeeiro.

---

35 Ou "rumor", "boato".

Deus

1- A quem Deus quer bem, o vento lhe apanha a lenha.

2- A quem Deus quis bem, no rosto lho vem.

3- Dá Deus amêndoas a quem não tem dentes.

4- Dá Deus a roupa segundo é o frio.

5- Lá me leve Deus, a onde estão os meus.

6- Mais pode Deus ajudar que velar, nem madrugar.

7- Mais vale quem Deus ajuda que quem muito madruga.

8- Não fez Deus a quem desamparasse.

9- Quando Deus não quer, santos não rogam.

10-Quem boa dita tem, a Deus a agradeça.

11-Quem não fala, nem o ouve Deus.

12-Veio Deus a ver sem companhia.

13-Voz do povo, voz de Deus.

Diligência

1- A carne de lobo dente de cão.

2- A barca é rota, salve-se quem puder.

3- A besta que muito anda, nunca falta quem a

tanja.

4- A boa ventura com diligência.

5- Andando ganha a azenha, que não estando queda[36].

6- Andem as mãos, que pintam as uvas.

7- Ao gato por ladrão, não lhe dês de mão.

8- A pouco pão, tomar primeiro.

9- A quem vela, tudo se lhe revela.

10-Asinha é dito, o que é bem dito.

11-Dar ao pé, que tempo é.

12-Madruga e verás, trabalha e terás.

13-Mais faz quem quer, que quem pode.

14-Nunca esperes que te faça teu amigo o que tu puderes.

15-Por muito madrugar, não amanhece mais asinha.

16-Quem primeiro se levanta, primeiro se calça.

17-Quem primeiro vem, primeiro mói.

18-Quem segue alguma coisa, ou alcança parte, ou toda.

19-Quem sempre se recata nunca acaba nada.

20-Quem tarda, arrecada.

21-Quem tem boca, não diga ao outro assopra.

22-Quem tempo tem e por tempo espera, tempo é

---

36 Ou "parada".

que lhe o Demo leva.

23-Se queres ter boa fama, não te tome sol na cama.

Económica, ou Governo de Casa

1- A água é fria, mas mais o é quem com ela convida.

2- A boa ceia ante tempo se enxerga.

3- A boa moça, e à má, põe-lhe almofada.

4- A cabo de um ano tem o criado as manhas do amo.

5- A cabeça do besugo come o sisudo, e a da boga dá à tua sogra.

6- A casas velhas, portas novas.

7- A cortiça arde-lhe o manto, fica-lhe o quebranto.

8- A criado novo, pão e ovo, depois de velho, pão e Demo.

9- A fome alheia me faz prover minha ceia.

10-A filha farta e despida, e o filho despido e faminto.

11-A gente pobre, moeda miúda.

12-Água vertida não é toda colhida.

13-Água sobre água, não suja nem lava.

14-A uma boca, uma sopa.

15-Ainda que sejas prudente, e velho, não desprezes

conselho.

16-Alquimia é provada, ter renda e não gastar nada.

17-A mancebo mau, com mão e com pau.

18-A moça, e o menino, no Verão hão frio.

19-A muita conversação é causa de menos preço.

20-Andar a pão emprestado, fome põe.

21-Antes minha face com fome amarela, que com vergonha nela.

22-Ao bom dia abre a porta, e ao mau te aparelha.

23-Ao bem buscá-lo, e ao mal estorva-lo.

24-Ao bom pagador não dói o penhor.

25-Ao comprar te arremanga.

26-Ao arrendar, cantar, e ao pagar, chorar.

27-Ao couro e ao queijo, comprados por peso.

28-A pão de quinze dias, fome de três semanas.

29-A pão duro, dente agudo.

30-A perda que teu vizinho não sabe, não é perda na verdade.

31-A quem dizes teu segredo, faze-lo senhor de ti.

32-A quem não tem pão semeado, de Agosto se lhe faz Maio.

33-A quem mal queiras um rocim lhe vejas, e a quem mais mal, um par.

34-Às vezes custa mais o salmonejo[37] que o coelho.

35-A teia bem tecida, ao curar mais embebida.

36-Azáfama padeiras, que minha mãe quer um pão.

37-Baldão de senhor e de marido.

38-Bem haja o pão que presta.

39-Bem comprar é gentileza, mal comprar não é
fraqueza.

40-Bem estamos de roupa, se nos não molhamos.

41-Boas são mangas, depois de festa.

42-Bons e maus mantém cidade.

43-Bom é saber que pão te há-de manter.

44-Bom é um pão com dois pedaços.

45-Bolsa sem dinheiro, chama-lhe couro.

46-Cada um estenda a perna até onde tem a coberta.

47-Cada um despende como seu braço se estende.

48-Cada um veja o pão que lhe há-de abastar.

49-Cada dia três e quatro, chegarás ao fundo do
saco.

50-Casa de pai, vinha de avó.

51-Casa de terra, cavalo de erva, amigo de palavra,
tudo é nada.

52-Cento de vida, cento de renda, e cem léguas de
parentes.

---

37 Ou "salmonete".

53-Casa em que não há cão, nem gato, é casa de velhaco.

54-Casas em que caibas, vinho que bebas, terras quantas vejas.

55-Casas na praça as ombreiras tem de prata.

56-Casa hospedada, bem comida, pouco honrada.

57-Casa varrida e mesa posta, hóspedes espera.

58-Cerra tua porta e dá-me a chave, quem vier brade.

59-Cerra tua porta, farás tua vizinha boa.

60-Com a coisa alheia o homem mal se honra.

61-Com a língua te posso ajudar, mas não com o meu te dar.

62-Com água passada não mói o moinho.

63-Come do teu, e chama-te meu.

64-Comida meada, faca embainhada.

65-Com homem interessal não juntes teu cabedal.

66-Comprar a alforjas e vender a onças.

67-Compra que vendas.

68-Comprar em feira, vender em casa.

69-Comprar e arrepender.

70-Dá Deus biscoito a quem não tem dentes.

71-Da porta cerrada o diabo se torna.

72-Do dinheiro, e bondade, metade da metade.

73-Deita-te tarde, levanta-te cedo, verás teu mal e o alheio.

74-Deita-te sem ceia, amanhecerás sem dívida.

75-Deita-te em tua cama, cuida em tua casa.

76-De foro, nem um ovo.

77-Depois de casa feita a deixa.

78-De pequena candeia, grande fogueira.

79-De pessoa calada afasta tua morada.

80-De quem do seu foi mau dispenseiro, não fies teu dinheiro.

81-Deixa tua casa e vem-te à minha, terás negro dia.

82-De Todos os Santos até ao Natal perde a padeira o cabedal.

83-De trigo e de aveia, minha casa cheia.

84-Dia de Santo André, quem não tem porco mata a mulher.

85-Digo uma e digo outra, quem não fia não tem touca.

86-Ditosa a casa de onde um só gasta.

87-Do bom logo, bom fogo.

88-Do linho arestoso faz camisas a teu esposo.

89-De onde fumo não há, fumo se não levanta.

90-De onde foste pajem não serás escudeiro.

91-De onde tiram e não põem, cedo chegam ao

fundo.

92-Do ouro e do ferro, tudo é um peso.

93-Dure o que durar, como colher de pão.

94-Em casa do sisudo se faz pão miúdo.

95-Em casa do cavaleiro, vaca e carneiro.

96-Em casa do mesquinho mais pode a mulher que o marido.

97-Em uma hora cai a casa que não cada dia.

98-Em fiúza[38] de parentes, busca que merendes.

99-Em lugar realengo faz teu assento, e em terra de senhorio não faças teu ninho.

100- Em mau ano, e em bom ano, aveza bem teu papo.

101- Em mesa redonda não há cabeceira.

102- Emprestaste e não cobraste; e se cobraste, não tanto; e se tanto, não tal; e se tal, inimigo mortal.

103- Enquanto o amo bebe, o criado espere.

104- Engane-me no preço, e não no que merco.

105- Entre Abril e Maio, moenda para todo o ano.

106- Escreve antes que dês, e recebe antes que escrevas.

107- Esmolou São Mateus, esmolou para os seus.

____

38 Ou "local de confiança".

108- Está a carne no garavato, porque não há gato.

109- Farinha apurada, não te a veja a sogra nem cunhada.

110- Farei primeiro os meus, então os alheios.

111- Faz conta com a hóspeda e verás o que te fica.

112- Faz barato, venderás por quatro.

113- Gota e gota, o mar se esgota.

114- Guarda moço, acharás velho.

115- Guardar que comer, e não guardar que fazer.

116- Ontem vaqueiro, hoje cavaleiro.

117- Hóspedes em casa, dia santo é.

118- Hóspede tardio não vem vazio.

119- Hóspede que se convida, despede-se asinha.

120- Hóspede que jejua, e não ceia, bem vindo seja.

121- Hóspede com Sol, ao lavor.

122- Uma coisa se deseja, outra é bem que seja.

123- Uma irmã a outra irmã não quer ver mais louçã.

124- Um só polegar tarde vai ao tear.

125- Já que a água não vai ao moinho, vá o moinho à água.

126- Logra tu teu pouco, enquanto busca mais o doido.

127- Lume faz cozinha, e não mulher fraldida.

128- Mais há quem suje a casa, que quem a varra.

129- Mais quero estar trabalhando que chorando.

130- Mais vale vaca em paz que pombo em guerra.

131- Mais quero pedir à minha peneira um pão apertado, que a minha vizinha emprestado.

132- Mais vale magro no tear que gordo no monturo[39].

133- Mais vale palmo de pano que pedaço de burel.

134- Mais sabe o sandeu no seu que o sisudo no alheio.

135- Mais vale guardar que pedir.

136- Mais vale pedaço de pão com amor, que galinha com dor.

137- Mais vale bem de longe que mal de perto, e fim tardio que o macio, e ter fome, que fastio.

138- Mais vale penhor na arca que fiador na praça.

139- Mais vale boa regra que boa renda.

140- Mais vale ganhar no lodo que perder no ouro.

141- Mal vai a casa onde a roca manda a espada.

142- Mal se apaga o fogo com as estopas.

143- Mal por mal, melhor era o de ontem.

144- Manda e descuida, não se fará coisa nenhuma.

---

39 Ou "monte de lixo".

145- Manda e faze-o, tirar-te-á cuidado.

146- Manda o sábio com embaixada, e não lhe digas nada.

147- Mão lavada sujidade tira.

148- Meia vida é a candeia, e o vinho é outra meia.

149- Melhor é curar gafeira[40] que casa inteira.

150- Melhor é comprar que rogar.

151- Melhor é dívida nova que pecado velho.

152- Melhor é sapato roto que pé formoso.

153- Melhor é fumo na minha casa que na alheia.

154- Melhor é uma casa na vila que duas no arrabalde.

155- Melhor é roto que alheio.

156- Melhor é vergonha no rosto que mágoa no coração.

157- Melhor é muitos, que poucos muitos.

158- Melhor é fazer de balde, que estar debalde.

159- Melhor é o meu que o nosso.

160- Mercador fidalgo, nunca o verás medrado.

161- Mete o ruim em teu palheiro, quererá ser teu herdeiro.

162- Minha casa e meu lar cem soldos vale, e estimou-se mal, porque mais vale.

____

40 Talvez "lepra".

163- Morrer por ter e sofrer por valer.

164- Muitas mãos e poucos cabelos, asinha os depenam.

165- Muito pede o sandeu, mais mais o é quem lhe dá o seu.

166- Muitos alhos em um gral[41] mal se pisam.

167- Muitas maçarocas fazem a teia, mas não uma cheia.

168- Na arca aberta o justo peca.

169- Na almoeda[42] tem a bolsa queda.

170- Na boca do saco a regra e o resguardo.

171- Na casa cheia asinha se faz a ceia.

172- Não há maior mal que o descontento de cada qual.

173- Não o hei pelo ovo, senão pelo foro.

174- Não há coisa rogada que não seja cara.

175- Não há tal venda como a primeira.

176- Não cabíamos ao fogo, e veio meu sogro.

177- Não compres do lobo carne.

178- Não compres de ladrão, nem faças fogo de carvão.

179- Não deixes o certo pelo duvidoso.

---

41 Ou "almofariz".

42 Ou "leilão".

180- Não é cada dia Páscoa, nem vindima.

181- Não faz pouco quem sua casa queima, que espanta os ratos e aquentasse a lenha.

182- Não fies nem porfies, nem arrendes, viverás entre as gentes.

183- Não faz pouco quem sua culpa lança a outro.

184- Não mores em despovoado, nem esmoles do furtado.

185- Não metas em tua casa quem dois olhos haja, senão trigo e cevada.

186- Não o louves até que o proves.

187- Não perde venda, senão quem não tem que venda.

188- Não me apraz chave que em muitas portas faz.

189- Não quero escudela de ouro em que cuspa sangue.

190- Não se queixe do engano quem pela mostra compra o pano.

191- Não o tenha, e não o deva.

192- Não tem nada quem nada lhe basta.

193- Não vendas a teu amigo, nem de rico compres trigo.

194- Não te direi que te vás, mas far-te-ei obras

para isso.

195-   Nem compres de regateira, nem te descuides
em mesa.

196-   Nem a todos dar, nem com todos porfiar.

197-   Nem carvão nem lenha compres quando geia.

198-   Nem no Inverno sem capa, nem no Verão sem
cabaça.

199-   Nem em tua casa galgo, nem à tua porta
fidalgo.

200-   Não te abaixes por pobreza, nem te levantes
por riqueza.

201-   Nem tanto ao mar nem tanto à terra.

202-   Nem em mar tratar, nem em muitos fiar.

203-   Nem bebas da lagoa nem comas mais que
uma azeitona.

204-   Nem moinho por contínuo, nem porco por
vizinho.

205-   Nunca muito custou pouco.

206-   O bem não se conhece, senão depois que se
perde.

207-   O bom ganhar faz o bom gastar.

208-   O bom dia, mete-o em tua casa.

209-   O bom vizinho faz o homem desapercebido.

210-   O bom pai ame-se e o mau sofra-se.

211-   O bom pagador é herdeiro no alheio.

212-   O bom pagador não merece pena.

213-   O buraco chama o ladrão.

214-   O caro é barato, e o barato é caro.

215-   O dado, dado, e o vendido, vendido.

216-   O descuidado sempre é necessitado.

217-   O escravo e a besta muar se há-de poupar.

218-   O homem para a cova, o rendeiro para a
   cadeia.

219-   O ganho e a lazeira andam de feira em feira.

220-   O hóspede e o peixe aos três dias fede.

221-   O linho apurado dá lenço dobrado.

222-   O melhor dos dados, é não jogá-los.

223-   O dinheiro sobre penhor, e sobre palavra, e
   tendo pela fralda.

224-   O moço e o amigo, nem pobre nem rico.

225-   O moço por não querer, e o velho por não
   poder, deixam as coisas perder.

226-   O muito se gasta, e o pouco abasta.

227-   O nada, faze-lo em casa.

228-   Onde bem me vai, tenho pai e mãe.

229-   Onde o real se deixou achar, outro deves ir
   buscar.

230-   Onde é o gosto maior que o proveito, dai o

trato por desfeito.

231- O necessário deleita e o desnecessário atormenta.

232- O peso e a medida tiram homem de porfia.

233- O que há-de levar o rato dá ao gato, e tirar-te-ás de cuidado.

234- O que deve não repousa como quer.

235- O que mãos não levam, paredes o acham.

236- O que te cai da mão, dão a teu irmão.

237- O que te não aproveita, e não hás mister, não deves reter.

238- O ruim me compre o amigo, que o bom logo é vendido.

239- Os doidos fazem a festa, e os sisudos gostam dela.

240- O taleigo[43] de sal quer cabedal.

241- O trigo e a teia, à candeia.

242- Ouro é, o que ouro vale.

243- Outubro, Novembro e Dezembro, não busques o pão no mar.

244- Paga o que deves, sararás do mal que tens.

245- Pagar é desinchar.

246- Pão de padeira, nem farta nem governa.

---

43 Um saco de transporte.

247- Pano que outrem usa, pouco dura.

248- Para forno quente, uma torga somente.

249- Para próspera vida, arte, ordem e medida.

250- Paz e saúde, dinheiro a quem o quiser.

251- Para o bom pede, para o mau deseja.

252- Para quem ganhas ganhador? Para quem está dormindo ao Sol.

253- Pequenas rachas acende o fogo, e os madeiros grossos o sustentam.

254- Perdido é quem atrás perdido anda.

255- Perdendo tempo não se ganha dinheiro.

256- Por fazenda alheia ninguém perca a ceia.

257- Porfiar, mas não apostar.

258- Prometer não é dar, mas a néscios contentar.

259- Por não gastar o que gasta, o escusado se gasta.

260- Por mau vizinho não desfaças teu ninho.

261- Por um cabelinho se pega o fogo no linho.

262- Pouco, e em paz, muito se me faz.

263- Pouco dano espanta, e muito amansa.

264- Qual é ele, tal casa mantém.

265- Quando o gosto é sobejo, mais custa a mecha que o sebo.

266- Quem ara e cria, ouro fia.

267-   Quem a trinta não tem siso, aos quarenta não
é rico.

268-   Quem as coisas muito apura, não vive vida
segura.

269-   Quem a sorte alheia estima, a sua desestima.

270-   Quem a muitos há-de manter, muito há-de ter.

271-   Quem bem quiser cear, a sua casa o vá buscar.

272-   Quem bem está não se levante.

273-   Quem bem está e mal escolhe, por mal que
lhe venha não se anoje.

274-   Quem come emprestado, come de seu saco.

275-   Quem com muitos tem que fazer, muito silo há
mister.

276-   Quem compra o que não pode, vende o que
não deve.

277-   Quem compra e mente, na bolsa o sente.

278-   Quem com mau vizinho há-de vizinhar, com
um olho há-de dormir e com outro vigiar.

279-   Quem da carne alheia há-de comer, da sua há-
de perder.

280-   Quem dá o seu antes de morrer, aparelhe-se a
bem sofrer.

281-   Quem dinheiro tiver fará o que quiser.

282-   Quem dinheiro quer cobrar, muitas voltas há-de dar.

283- Quem do seu se desapossa antes da morte, dêem-lhe com um maço na fonte.

284- Quem deve, ou pague ou rogue.

285- Quem deve cento, e tem cento e um, não teme a nenhum.

286- Quem deve a Pedro, e paga a Gaspar, que torne a pagar.

287- Quem diz mal da coisa, este a compre.

288- Quem muito tem, muito gasta, quem pouco tem, pouco lhe basta, que nada tem, Deus o mantém.

289- Quem empresta, suas barbas arrepela.

290- Quem dos seus se aparta, do remédio se alarga.

291- Quem deixa a vila pela aldeia, venha-lhe má estreia.

292- Quem em mais alto nada, mais presto se afoga.

293- Quem entra em casa feita, ou se senta à mesa posta, não sabe o que custa.

294- Quem é de bom contentar, menos tem que chorar.

295- Quem faz por comum, faz por nenhum.

90

296-   Quem faz bem ao astroso, não perde parte
    senão todo.

297-   Quem faz tudo, não enche fuso.

298-   Quem fia e tece, bem lhe parece.

299-   Quem ganha sem despender não lhe lembra
    que há-de morrer, nem que herdeiros há-de ter.

300-   Quem guarda acha, e quem cria mata.

301-   Quem muito dorme, o seu com o alheio perde.

302-   Quem muito abarca pouco aperta.

303-   Quem me vir e me ouvir, guarde pão para
    Maio e lenha para Abril.

304-   Quem me empresta ajuda-me a viver.

305-   Que monte de trigo, se não estivesse devido.

306-   Quem muda fitos com mal anda.

307-   Quem não horda não medra.

308-   Quem não anda por frio e por Sol, não faz seu
    prol.

309-   Quem não tem mulher, muitos olhos há mister.

310-   Quem tem velho, não tem novo.

311-   Quem não se aventura, nem anda a cavalo,
    nem em mula.

312-   Quem pão e vinho compra, mostra a bolsa.

313-   Quem paga dívida faz cabedal.

314-   Quem prego não tira, pendura mais asinha.

315-   Quem paga o que recebeu, o que lhe fica é seu.

316-   Quem primeiro achar remédio, ajude o parceiro.

317-   Quem quiser medrar, viva em pé de serra ou em porto de mar.

318-   Quem quando pode não quer, quando quer não pode.

319-   Quem seu coração quer vingar, sua casa vê prear.

320-   Quem se veste de ruim pano, veste-se duas vezes no ano.

321-   Quem te fez rico, o não de minha aldeia.

322-   Quem te fez o bico, te fez rico.

323-   Quem te quatro e gasta cinco, não há mister bolsa, nem bolsinho.

324-   Quem tarde se levanta, todo o dia trata.

325-   Quem tem bom vizinho não teme ruído.

326-   Quem trabalha tem alfaia.

327-   Quem tem alforges e asno, quando quer vai ao mercado.

328-   Quereis fazer do amigo inimigo, empresta-lhe o vosso e pedi-lho.

329-   Ração do paço, quem a perde não há grado.

330- Renego de contas com parentes, e de dívidas com ausentes.

331- Repartiu-se o mar, e fez-se tal.

332- Remenda o pano, durar-te-á outro ano.

333- Sal vertido, nunca bem colhido.

334- Se a ser rico queres chegar, vai devagar.

335- Seja meu inimigo, venha moer a meu moinho.

336- Segue a formiga, se queres viver sem fadiga.

337- Sempre promete em dúvida, pois ao dar ninguém te ajuda.

338- Se não como queremos, passamos como podemos.

339- Se não deres o que quiseres, faz o que puderes.

340- Se queres ser pobre sem o sentir, mete obreiro, deita-te a dormir.

341- Se queres saber quanto vale um cruzado, busca-o emprestado.

342- Tabardo[44] e botas cobrem as costas.

343- Tal é a casa de dona sem escudeiro, como fogo sem transfogueiro.

344- Tanto vale a coisa quanto dão por ela.

345- Tem cuidado de o ganhar, que tempo fica para

---

44 Ou "capote".

o gastar.

346- Tenha eu pipas, e cabedal, e quem quiser, vinhos e lagar.

347- Tenhamos a pata, então falaremos na salsa.

348- Trás trabalho vem o dinheiro com descanso.

349- Três coisas fazem ao homem medrar – ciência, o mar, e casa real.

350- Três coisas destroem ao homem – muito falar e pouco saber, muito gastar e pouco ter, muito presumir e pouco valer.

351- Tudo é nada, senão trigo e cevada.

352- Tudo farei, casas de duas portas não guardarei.

353- Vai daqui ganho, não me dês perda.

354- Vão-se os gatos, estendem-se os ratos.

355- Vai-te feira, e eu sem capa.

356- Vem a ventura a quem a procura.

357- Vende a esposado e compra a enforcado.

358- Vende público e compra secreto.

359- Vinho, nem mouro, nem é tesouro.

360- Visita, de quem não tiveres cor, à tarde e sem sol.

Esperança

1- Amanhecerá, far-nos-á Deus mercê.

2- A perseverança toda a coisa alcança.

3- Boa é a tardança que assegura.

4- Beijo-te bode, porque hás-de ser odre.

5- Corpo, corpo, que Deus dará pano.

6- De onde esperança o homem não tem, às vezes lhe vem o bem.

7- O que perde o mês, não perde o ano.

8- O que se faz em dia de Santa Catarina, se faz ao outro dia.

9- O que tarda arrecada.

10-Se não for nesta barqueta, irá na outra que se calafeta.

11-Sofra-se quem penas tem, que atrás de tempo, tempo vem.

12-Sonhava o cego que via.

Fama

1- Campa quebrada nunca sara.

2- Desonrou-me minha vizinha uma vez, e eu desonrei-me três.

3- De onde muitos cospem, lama fazem.

4- Em má hora nasce, quem má fama cobra.

5- Mais vale perder-se o homem, que o nome se ele
é bom.

6- Não perdoa o vulgo tacha de ninguém.

7- No mal que teu vizinho te não sabe, não tens
parte.

8- O bem soa, e o mal voa.

9- O boi trava pelo arado, mas a mal de seu grado.

10-O golpe da sertã não fere mas suja.

11-Onde fogo não há, fumo não se levanta.

12-Onde vai mais fundo o rio, aí faz menos ruído.

13-O que se diz, ou é ou quer ser.

14-Perto vai o fumo da chama.

15-Quem a fama tem perdida, morto anda em vida.

16-Quem há as feitas, há as suspeitas.

17-Quem faz casa na praça, uns dizem que é alta,
outros que é baixa.

18-Quem te não ama, em jogo te desfama.

Filhos

1- Onde há filhos, nem parentes nem amigos.

2- A teu filho e a teu amigo, pão e castigo.

3- A teu filho, bom nome e bom ofício.

4- Cento de um ventre, cada um de sua mente.

5- Como criaste tantos filhos? Querendo mais aos mais pequeninos.

6- Cortam pés e mãos e metem-se entre meus irmãos.

7- Dá o neto ao avô, em que não é bom.

8- De boa filha, boa fiandeira.

9- De filhos e herdeiros, campos cheios.

10-De uns fazeis filhos, e de outros enteados.

11-De pai santo, filho Diabo.

12-Dos filhos, o que falta esse mais se ama.

13-Entre pai e irmãos não metas as mãos.

14-Faz a teu filho teu herdeiro, e não teu dispenseiro.

15-Filha desposada, filha apartada.

16-Filha, sê boa mãe, que aranha vai por aquela parede.

17-Filha, nem nasça, nem morra.

18-Filho alheio, mete-o pela manga, sair-te-á pelo seio.

19-Filhos e criados, não os mimar se os queres lograr.

20-Filho alheio, brasa no seio.

21-Filho és, e pai serás, assim como fizeres, assim

haverás.

22-Filho de viúva, ou mal criado, ou mal acostumado.

23-Filho bastardo, ou muito bom, ou muito velhaco.

24-Filhos, dois ou três há prazer, sete ou oito é fogo.

25-Filho aborrecido nunca teve bom castigo.

26-Filho mau, melhor é doente que são.

27-Filho tardio fica órfão cedo.

28-Filhos casados, cuidados dobrados.

29-Ganhe meu inimigo, e conserve meu filho.

30-Herdade por herdade, uma filha na velha idade.

31-Um pai para cem filhos, e não cem filhos para um
   pai.

32-Ira de irmãos, ira de Diabos.

33-Irmão maior, pai menor.

34-Meu filho virá barbado, mas nem parido nem
   prenhado.

35-Minha filha Tareja, um Diabo a toma, outro a
   deixa.

36-Meu filho Pedro, antes mestre que discípulo.

37-Minha filha Tareja, quanto vê, tanto deseja.

38-Muito vai em dar coice em ventre de dona.

39-Não cures filho alheio, que não sabes qual sairá.

40-Não há tal filho como o nascido.

41-Não me pesa de meu filho enfermar, senão pelo

costume que lhe há-de ficar.

42-Não te dê Deus mais mal que muitos filhos e pouco pão.

43-Nunca ruim por compadre.

44-O filho do bom passa o mau e passa o bom.

45-O filho do mau, quando sai bom é arrazoado.

46-O filho bastardo, e mula, cada dia fazem uma.

47-O filho do bom vá, até que bem lhe vá.

48-O menino, e o cachorrinho, de onde lhe fazem o mimo.

49-O menino, e o bezerrinho, no verão hão frio.

50-Pai não tiveste, mãe não temeste, Diabo te fizeste.

51-Pai velho, manga rota, não é desonra.

52-Qual o pai, tal o filho, qual o filho, tal o pai.

53-Quem a meu filho tira o monco[45], a mim me beija no rosto.

54-Queres conhecer a tua filha, olha-lhe a companhia.

55-Quem de mim escarnece, seus filhos não vê.

56-Quem derradeiro nasce, primeiro chora.

57-Quem em terra alheia tem filho, morto o tem e espera-o vivo.

----

45 O macaco do nariz.

58-Quem filhos tem ao lado, não morre enfastiado.

59-Quem filhos tem, não revessa.

60-Quem filhos tem, bem pode alegar.

61-Quem mãe tem na vila, sete vezes se amortece
ao dia.

62-Quem não crê boa mãe, crê má madrasta.

63-Quem não tem irmão, não tem pé nem mão.

64-Quem te matar teu pai, não lhe cries o filho.

65-Quem tem filho varão, não dê vozes ao ladrão.

66-Quem não tem filha, não tem amiga.

67-Segundo o natural de teu filho, assim lhe dá o
conselho.

68-Sofrerei filha gulosa e muito feia, mas não
janeleira.

69-Tais fomos nós, tais sereis vós.

70-Vão-se os dias maus, e vão-se os bons, e ficam os
filhos e netos de ruins avós.

Gado

1- A boi velho não cates abrigo.

2- A boi velho chocalho novo.

3- Abelhas e ovelhas, em suas defesas.

4- A carneiro capado não apalpes o rabo.

5- A gado pouco, a sábio redondo.

6- Anda a cabra de roça em roça, como o bocejo de boca em boca.

7- Ano de ovelhas, ano de abelhas.

8- Antes a lã se perca que a ovelha.

9- Ao boi pelo corno, e ao homem pela palavra.

10-A ovelha louçã, disse a cabra, dá-me a lã.

11-Ao porco e ao genro, mostra-lhe a casa e virá cedo.

12-A poeira do gado tira o lobo de cuidado.

13-A porca viva, o que faz isso cuida.

14-A rês perdida em Abril cobra a vida.

15-A vaca que não come com os bois, ou comeu antes, ou comerá depois.

16-A vaca do vilão, se no Inverno dá leite, melhor o dará no Verão.

17-Bácoro de meias não é meu.

18-Bácoro de Janeiro, com seu pai vai ao fumeiro.

19-Bácoro fiado, bom Inverno e mau Verão.

20-Bácoro em celeiro não quer parceiro.

21-Barbas parelhas não guardam ovelhas.

22-Bezerrinha mansa todas as vacas mama.

23-Boi luzio nunca tem fastio.

24-Boi velho, rego direito.

25-Boi mau no corno cresce.

26-Boi que me escornou, em boa parte me deixou.

27-Cabra de mocha deu na outra.

28-Cada ovelha com sua parelha.

29-Cabra vai pela vinha, tal era mãe e tal a filha.

30-Cabra manca não tem sesta.

31-Corre a vaquinha quanto corre a cordinha.

32-De bezerros e vacas vão peles às praças.

33-De manhã em manhã perde o carneiro a lã.

34-De noite deita teu gado na erva de teu prado.

35-De pequeno verás que boi terás.

36-De rabo de porto nunca bom virote.

37-Deixa ao boi mijar, e farta-o de arar.

38-Discreto como os bois de João Afonso[46], que fogem da relva para a erva.

39-Do curral alheio nunca bom cordeiro.

40-De onde saiu a cabra entre o cordeiro.

41-Em gado tratarás e medrarás.

42-Em ruim gado não há que escolher.

43-Farto está o carneiro, quando marra com o companheiro.

44-Guarda prado, criarás gado.

45-Mais come o boi de uma lambida que a ovelha em

---

46 Desconhecido.

102

todo o dia.

46-Mal vai a corte onde o boi velho não tosse.

47-Mete o touro no laço, que asinha vem o prazo.

48-Não há boi cansado, nem cantor bem medrado.

49-O boi bravo, mudando a terra é mudado.

50-O boi bravo na terra alheia se faz manso.

51-O boi da tua vaca, o moço da tua braga.

52-O boi, e o leitão, em Janeiro criam rinhão[47].

53-O ruim boi folgado se descorna.

54-Ovelha cornuda, e vaca barriguda, não troques
  por nenhuma.

55-Pele de ovelha tem a barba tesa.

56-Perdido é o gado, onde não há cão que ladre.

57-Tantos morrem de carneiros como de cordeiros.

58-Quem cabra há, bem pagará.

59-Quem tem cabra, esse a mama.

Galinha

1- A galinha, aparta-lhe o ninho e por-te-há o ovo.

2- Aldeã é a galinha, e come-o o de Coimbra.

3- A velha galinha faz gorda a cozinha.

4- Boa é a galinha que outrem cria.

---

47 Ou "gordura".

5- Cacarejar e não pôr ovo.

6- Da galinha a preta, da pata a parda, da mulher a sarda.

7- De galinhas e más fadas vedo se enchem as casas.

8- Deu-me Deus um ovo e esse goro.

9- Disso vos podeis despedir, como a galinha dos dentes.

10- Doze galinhas e um galo comem tanto como um cavalo.

11- Em casa de Gonçalo, mais pode a galinha que o galo.

12- Folgar galinhas, que o galo está em vindimas.

13- Folgar galinhas, que morto é o galo.

14- Furtar galinha, apregoar rodilha.

15- Galinha não põe do senão do papo.

16- Galinha não nasce que não esgaravate.

17- Galinha que em casa fica, sempre pica.

18- Grão e grão enche a galinha o papo.

19- Melhor é a galinha de minha vizinha que a minha.

20- Muito pode o galo em seu poleiro.

21- Não há galinha gorda de pouco dinheiro.

22- Onde a galinha tem os ovos, lá se vão os olhos.

23- Pinto de Janeiro vai com sua mãe ao poleiro.

24-Rainha é a galinha que põe ovos na vindima.

25-Vem o demo de fora, enxota as galinhas de casa.

26-Viva a galinha, viva com sua pevide.

Guerra e Paz

1- A cometer para vencer.

2- Acometa quem quiser, que o forte espera.

3- A guerra, e a ceia, começando se ateia.

4- Hajamos paz, morreremos velhos.

5- Boa guerra faz boa paz.

6- Caça, guerra e amores, por um prazer muitas
dores.

7- Capitão tomado não é louvado.

8- Cuidar muitas, fazer uma.

9- Dedo de espada, e palmo de lança, é grande
vantagem.

10-De uma faísca se queima uma vila.

11-Deus desavenha quem nos mantenha.

12-Despreza teu inimigo, serás logo vencido.

13-De quem medo hão, logo lhe o seu dão.

14-Dinheiro faz batalha, e não braço longo.

15-Dobrado tem o perigo quem foge ao inimigo.

16-Em ruim vila, briga cada dia.

17-Entre guerra e paz, quem mal sai, mal jaz.

18-Finge ruído por melhor partido.

19-Guardado é o que Deus guarda.

20-Guerra de São João, paz de todo o ano.

21-Um agravo consentido, outro vindo.

22-Ainda que João Vaz tem besta, não deixam de lhe

dar na cabeça.

23-Ir à guerra, nem caçar, não se deve aconselhar.

24-Juiz de guerra, o fim dela.

25-Mais apaga boa palavra que caldeira de água.

26-Melhor é volta que revolta.

27-Muitos morrem na guerra, mas mais vão a ela.

28-Não há paz entre a gente, nem entre as tripas do

ventre.

29-Não é bom fugir em socos.

30-Não é tão bravo o leão como o pintam.

31-Não se ganhou Zamora em uma hora.

32-Não vive mais o leal que quanto quer o traidor.

33-Não tardo mais em armar-me que enquanto a

briga se acabe.

34-Não te metas em contenda, não te quebraram a

cabeça.

35-Ninguém é fiel a quem sói temer.

36-Nem todos os que vão à guerra são soldados.

37-Nunca um lobo matou outro.

38-O ameaçador faz perder o lugar da vingança.

39-O bom soldado, tira-o do arado.

40-Onde fores tarde não te mostres covarde.

41-Onde não há morte, não há má sorte.

42-O prudente tudo há de provar, antes de armas tomar.

43-O temor sempre suspeita o pior.

44-Ou para homem, ou para cão, leva tua espada na mão.

45-Para um traidor, dois aleivosos.

46-Paz de cajado, guerra é.

47-Pelejam os touros, mal pelos ramos.

48-Pequeno machado parte grande carvalho.

49-Por teu rei pelejaste, tua casa guardaste.

50-Por um cravo se perde um cavalo, por um cavalo um cavaleiro, por um cavaleiro um exército.

51-Por souto, não irás trás outro.

52-Pressa mete lebre a caminho.

53-Quais palavras te dizem, tal coração te fazem.

54-Quem inimigo poupa, às suas mãos morre.

55-Quem acorda o cão dormindo, vende a paz e compra ruído.

56-Quem ameaça, sua ira gasta.

57-Quem ameaça uma tem, e outra guarda.

58-Quem ameaça e não dá, medo há.

59-Quem do que lhe dói não der, não haverá o que quiser.

60-Quem falasse e não brigasse.

61-Quem não vai à guerra não morre nela.

62-Quem pouco sabe, pouco teme.

63-Quem pés não tem, coices promete.

64-Quem se cala e pedras apanha, tempo vem que as derrama.

65-Quem se guardou não errou.

66-Quem sempre olha o derradeiro nunca comete bom feito.

67-Recontos muitos, mas a batalha escusada.

68-Saem cativos, quando são vivos.

69-Saram cutiladas e não más palavras.

70-Tripa cheia não foge nem peleja.

71-Também os ameaçados comem pão.

72-Veste-te em guerra e arma-te em paz.

Homem

1- A espinha que nasce leva o pico adiante.

2- A homem ruivo, e a mulher barbuda, de longe os

saúda.

3- A homem aventureiro a filha lhe nasce primeiro.

4- Anda o homem a trote para ganhar capote.

5- Ande eu quente, ria-se a gente.

6- Antes de mil anos todos seremos brancos.

7- Antes torto que cego de todo.

8- Ao bebedor não lhe falta vinho, nem à fiandeira linho.

9- Ao bom varão terras alheias sua pátria são.

10-Ao homem maior, dá-lhe honra.

11-Ao homem de esforço, a fortuna lhe põem ao ombro.

12-A homem pobre, ninguém o acometa.

13-A homem farto as cerejas lhe amargam.

14-As tripas pelejam no ventre.

15-Onde te conhecem, honra te fazem.

16-Ao homem ousado a fortuna lhe dá a mão.

17-Ao vilão dá-lhe o dedo, tomar-te-á a mão.

18-A panela em soar e o homem em falar.

19-A pai guardador, filho gastador.

20-A sua casa traz o homem com quem chore.

21-Barba de três cores, barba de traidores.

22-Bem vai o romeiro se lhe esquece o bordão.

23-Bento é o varão que por si se castiga, e por

outrem não.

24-Capelo sobre capelo, nunca o veste o mau
   mancebo.

25-Corpo bem feito, não há mister capa.

26-Dá-lhe ofício ao vilão, conhecê-lo-ás.

27-De barba a barba, honra se cata.

28-Debaixo de má capa jaz bom bebedor.

29-Debaixo do saial há al.

30-Deita-se homem pelo chão por ganhar gabão.

31-De onde é, homem? De onde é minha mulher.

32-Enfeitai o cepo, parecerá mancebo.

33-Falso por natura, cabelo negro e barba ruiva.

34-Guarda-te de mau vizinho, e de homem
   mesquinho.

35-Homem grande, besta de pau.

36-Homem sem abrigo, pássaro sem ninho.

37-Homem atrevido dura como vaso de vidro.

38-Homem apercebido, meio combatido.

39-Homem de boa lei tem palavra como rei.

40-Homem de teu ofício, teu inimigo.

41-Homem apaixonado não admite conselho.

42-Homem astroso, barba até ao olho.

43-Homem farto não é comedor.

44-Homem que fala como mulher, livre-me Deus

dele.

45-Homem néscio dá às vezes bom conselho.

46-Homem honrado, no cível demanda e no crime é demandado.

47-Homem assinalado, ou muito bom ou muito bravo.

48-Homem pobre com pouco se alegra.

49-Homem pobre, taça de prata, caldeira de cobre.

50-Homem pobre, depois de comer há fome.

51-Homem necessitado, cada ano apedrejado.

52-Homem folgazão, no trabalho sonolento.

53-Homem põe e Deus dispõe.

54-Homem magro, e não de fome, guarda-te dele como de outro homem.

55-Homem veloso, ou valente ou luxurioso.

56-Homem que madruga, de algo tem cura.

57-Homem provido não vive mesquinho.

58-Homem honrado, antes morto que injuriado.

59-Homem morto não ganha soldo.

60-Homem vergonhoso, o Demo o trouxe ao Paço.

61-Homem sem proveito é o mel no dedo.

62-Ainda que somos Negros, gente somos e alma temos.

63-Ainda que somos da Beira, não nos lançam da

Igreja.

64-Lágrimas de herdeiros, risos secretos.

65-Muito vai de Pedro a Pedro.

66-Mais vale só que mal acompanhado.

67-Melhor é mau mancebo que feixe de lenha.

68-Menino e moço, antes manso que formoso.

69-Moço de quinze anos tem papo e não tem mãos.

70-Moço bem criado, nem do seu fala, nem
    perguntado cala.

71-Mocidade ociosa não faz velhice contente.

72-Na casa de quem joga, alegria pouca mora.

73-Na face nos olhos se lê a letra do coração.

74-Não há prazer que não enfade, e mais se se
    houver debalde.

75-Não há cego que se veja nem torto que se
    conheça.

76-Não há pior surdo que o que não quer ouvir.

77-Não é boa a fala que todos não entendem.

78-Não erra quem aos seus semelha.

79-Não é vilão o da vila, senão o que faz vilania.

80-Não fales como doente, nem mores entre vil
    gente.

81-Não fales sem ser perguntado e serás estimado.

82-Não são todos homens, os que mijam à parede.

83-Não vem tanto à alma quanto passa.

84-Não vejas por extremo, nem chores dolos alheios.

85-Na terra dos cegos o torto é rei.

86-Nem ruim letrado, nem ruim fidalgo, nem ruim galgo.

87-Nem moça boa na praça, nem homem rico por caça.

88-Nas unhas e nos pés semelharás de onde vens.

89-O homem homem gosta o fruto.

90-O bom por si se gaba.

91-O bom sofre, que o mau não pode.

92-O grande junto ao pequeno fica maior, e o bom junto do mau fica melhor.

93-O homem ocupado não cuida coisas más nem as faz.

94-O homem na praça e a mulher em casa.

95-O homem ande contento, e a mulher não lhe toque o vento.

96-O homem é fogo e a mulher estopa, vem o Diabo assopra.

97-Olhos verdes, em poucos os veredes[48].

98-O mais ruim do lugar, porfia mais por falar.

99-O moço de bom juízo, quando velho é adivinho.

---

48 Ou "são vistos".

100- Os homens se encontram, e não os montes.

101- Os homens queremos ver, que os vestidos são de lã.

102- Pica-me Pedro, picar-te-ei.

103- Perde-se o velho por não poder e o moço por não saber.

104- Quando o velho se não ouve, ou é entre néscios, ou em açouge.

105- Queixadas sem barbas não merecem ser honradas.

106- Quem antes nasce, antes pasce.

107- Quem de trinta não pode, e de quarenta não sabe, e de cinquenta não tem, não pode, nem sabe, nem tem.

108- Quem muito pede e muito bebe, a si dana e a outro fede.

109- Quem muito fala e pouco entende, por ruim se vende.

110- Quem não faz mais que outro, não vale mais que outro.

111- Quem quiser ser muito tempo velho comece-o a ser cedo.

112- Quem sinal tem sobre os dentes, é honra de seus parentes.

113- Saí-me ao Sol, disse mal e ouvi pior.

114- Sai a acha ao madeiro.

115- Sanha de vilã, perda de sua casa.

116- Se o grande fosse valente, e o pequeno paciente, e o ruivo leal, todo o mundo seria igual.

117- Todos somos filhos de Adão e Eva, só a vida nos diferencia.

118- Três coisas fazem mudar a natureza do homem – a mulher, o estudo e o vinho.

119- Velho que não adivinha não vale uma sardinha.

120- Velhice é mal desejado.

121- Virtudes vencem sinais.

Honra

1- Em linguagens longas, alcaides e pregoeiros.

2- Em longa geração há conde e ladrão.

3- Faz por ter, vir-te-ão ver.

4- Fidalgo, antes roto que remendado.

5- Honra que em baixo amigo se procura, pouco dura.

6- Honra e proveito não cabem em um saco.

7- Honra o bom porque te honre, e ao mau porque

te não desonre.

8- Honra é dos amos o que se faz aos criados.

9- Honra sem honra é alcaide de aldeia e padrinho de boda.

10-Mais honra há que barba.

11-Mais vale merecer honra e não a ter, que tendo-a não a merecer.

12-Na casa do Rei todo o lugar é honrado.

13-Não há geração sem rameira ou ladrão.

14-Não há homem sem nome, nem nome sem sobrenome.

15-Não serás abastado se primeiro não fores honrado.

16-Nem rio sem vau, nem geração sem mau.

17-O escudeiro deita-se tarde, levanta-se cedo.

18-Ofício sem conselho, honra sem proveito.

19-O fidalgo e o galgo e o taleigo de sal, junto do fogo os hão-de achar.

20-O filho do bom passa o mau e passa o bom.

21-Onde não há honra, não há desonra.

22-Onde te abrem, honra te fazem.

23-Os que se conhecem, de longe se saúdam.

24-Por temor não percas honor.

25-Quem com seus avós se honra, consigo traz

desonra.

26-Quem pobreza tem, dos parentes é desdém.

27-Quem se não conhece, vivendo se desfalece.

28-Quem rabo corta, por detrás se descobre.

29-Quem sua geração gaba, coisa alheia louva.

30-Senta-te em teu lugar, não te farão levantar.

31-Vem teu inimigo humilhado, guarda-te dele como do Diabo.

32-Viu-se o Demo em socos e quer pisar os outros.

Ignorância

1- Agora lhe lembra a morte de João Grande[49].

2- Agradecei-mo, vizinhos, que quero bem a meus filhos.

3- Alcaide? Busca-me aqui alguém.

4- Andava na égua e perguntava por ela.

5- Ao coelho ido, conselho vindo.

6- Onde his? A Evoramonte fazer barris.

7- Apanhador de cinza, derramador de farinha.

8- Arranhado, quem te arranhou? Outro arranhado como eu...

9- Assim se faz do escudeiro rapaz.

---

49 Figura desconhecida?

10-Assaz é de pouco saber, quem se mata pelo que não pode haver.

11-Assim anda o Demo às avessas, e o carro com os bois.

12-Bem perdido é, quem atrás do perdido anda.

13-Boa conta, má conta, tudo é conta.

14-Besteiro mau aos seus atira.

15-Besteiro torto atira aos pés e dá no rosto.

16-Boa mesa, mau testamento.

17-Brasa deita no seu, quem se honra com erro alheio.

18-Cantar mal e aporfiar.

19-Com favor não te conhecerás, sem ele não te conhecerão.

20-Compras, e o dinheiro está na moeda.

21-Conhecerás a loucura em cantar, e jogar, e correr a mula.

22-Cuspo para o céu, cai-me no rosto.

23-Cuidar não é saber.

24-Cuidá-lo bem e fazê-lo mal.

25-Cuida na pega, se é branca, se preta.

26-Doidos e porfiados fazem grandes sobrados.

27-De doido, pedrada ou má palavra.

28-Hei-me aqui, meu dono, com o espeto ao

118

pescoço.

29-Erro é igual, não sabendo, responder; e sabendo,
perguntar.

30-Éramos trinta, pariu nossa avó.

31-Espada na mão de sandeu, perigo de quem lha
deu.

32-Estais na aldeia, não vedes as casas.

33-Falo-lhe em alhos, responde-me em bugalhos.

34-Falar sem cuidar é tirar sem apontar.

35-Fui para me benzer e quebrei o olho.

36-É dourado, avisado e formoso como as trempes.

37-Um doido fará cento.

38-Mais vale néscio que porfiado.

39-Mudança de tempo, bordão de néscios.

40-Muito trigo tem meu pai em um cântaro.

41-Muito pede o sandeu, mas mais o é quem lhe dá o
seu.

42-Muito falar, muito errar.

43-Não é muito que percas teu direito, não sabendo
fazer teu efeito.

44-No riso é o doido conhecido.

45-O ignorante, e a candeia, a si queima e aos outros
alumia.

46-O ignorante a todos repreende e fala mais do que

menos entende.

47-O doido faz doidos, dana a muitos e ensina a poucos.

48-Ora, há um ano me mordeu o sapo, e agora me incha o papo.

49-Pois tudo sabeis, e eu não sei nada, dizei-me o que esta manhã sonhava.

50-Quem crê de ligeiro, água recolhe no seio.

51-Quem cedo determina, cedo se arrepende.

52-Quem escuta, de si ouve.

53-Quem depressa foi, depressa tornou.

54-Quem em pedra duas vezes tropeça, não é muito quebrar a cabeça.

55-Quem mal cospe duas vezes se limpa.

56-Quem dorme muito pouco aprende.

57-Quem pouco sabe, asinha o reza.

58-Quem por fresta espreita, seus males aventa.

59-Quem se anoja na boda perde-a toda.

60-Quem só se aconselha, só se depena.

61-Recebido o dano, tapa o buraco.

62-Somos Galegos e não nos entendemos.

63-Só me aconselhei, só me chorei.

64-Tão grande é o erro como o que erra.

65-Tolo é Afonso, mas não de todo.

Igreja

1- A muita cera queima a igreja.

2- Bem jejua quem mal come.

3- Bem está São Pedro em Roma.

4- Clérigo que foi frade, nem por amigo, nem por compadre.

5- Com o olho e com a fé não zombarei.

6- Como canta o abade, assim responde o sacristão.

7- Corpo de Deus de Lisboa, Santo Espírito de Alenquer, Ladainhas de Coimbra, Trindade de Évora, Ressurreição de Beja, Ramos d'Alhos Vedros.

8- Deixar fazer a Deus, que é santo velho.

9- De Deus vem o bem, e das abelhas o mel.

10-Deus consente, mas não sempre.

11-Deus é o que fará, e o mestre leva a prata.

12-Deus te dê saúde, e gozo, e casa com quintal, e poço.

13-Deus te guarde de perda, e do dano, e de homem denodado.

14-Deus não se queixa, mas o seu não deixa.

15-Deus me dê contenda com quem me entenda.

16-Deus não come, nem bebe, mas julga o que entende.

17-Deus se mate filho, e o povo a meu inimigo.

18-Deus diante, o mar é chão.

19-Deus te dê bem, e casa em que o tenhas.

20-Deus paga a quem em maus passos anda.

21-Deus te dê ovelhas, e filhos para elas.

22-Deus não fia toucas, que tira a umas e dá a outras.

23-Um dia jejum, três dias maus para o pão.

24-Jejuai Galego, que não há pão cozido.

25-Jejuar o dia, guardar a véspera.

26-Lá vem Agosto com os seus santos ao pescoço.

27-Mais velha é a igreja, e vão a ela.

28-Medo há paio, pois reza.

29-Missa, nem cevada, não estorva jornada.

30-Não há santidade sem candeia.

31-Nem tanto Ámen que lhe dane a missa.

32-Ouvir missa não gasta tempo, dar esmola não empobrece.

33-Quem melhor oração sabe, reza.

34-Quem não tem ofício não tem benefício.

35-Quem pede para a candeia nunca se deita sem ceia.

122

36-Rogar ao santo até passar o barranco.

37-Ruim é a festa que não tem oitavas.

38-Telhado igrejal sempre goteja.

Ingratidão

1- Cria o corvo, tirar-te-á o olho.

2- Da mata sai quem a queima.

3- De mim saiu quem me feriu.

4- Mal haja o ventre que do pão comido se esquece.

5- O rio passado, o santo não lembrado.

6- Por bem fazer, mal haver.

7- Por mais servir, menos valer.

8- Quanto se faz no vilão, tudo é maldição.

9- Quem faz bem ao astroso não perde parte senão todo.

Inveja

1- A cabra da minha vizinha mais leite dá que a minha.

2- Ao invejoso emagrece-lhe o rosto e incha-lhe o olho.

3- Donos dão e servos choram.

4- Inveja traz o pão à limpeza e o nobre a mais nobreza.

5- Nem o invejoso medrou, nem quem a par dele morou.

6- Pouco se estima o que tem cada vizinha.

7- Se a inveja fosse tinha, que pez lhe bastaria.

8- Se estiveres subido não te desejes ver caído.

Justiça

1- A juiz fraco, estomentá-lo.

2- A justiça a todos guarda, mas ninguém a quer em sua casa.

3- A juiz ladrão, com os pés na mão.

4- Alcaide do campo, ou coxo ou manco.

5- Alcaide em andar, moinho em moer, ganham de comer.

6- Alcaide sem alma, ladrões à praça.

7- A mãos lavadas, Deus lhe dá que comam.

8- Antes quebrar que dobrar.

9- Ao que erra, perdoa-lhe uma vez e não três.

10-A quem bem nega, nunca se lhe prova.

11-Arrenego da terra onde o ladrão leva o juiz à cadeia.

12-Arde o verde pelo seco e pagam justos por pecadores.

13-Bem parece o ladrão na forca.

14-Com os grandes ladrões enforcam os menores.

15-Juiz de aldeia, um ano manda, outro na cadeia.

16-Juiz de aldeia, quem o deseja o seja.

17-Juiz piedoso faz o povo cruel.

18-Mau caminho leva o juiz quando vai para a forca.

19-Mais vale às vezes favor, que justiça nem reza.

20-Mais são os casos que as leis.

21-Mulher de mercador que fia, escrivã que pergunta pelo dia, oficial que vai à caça, não há mercê que lhe Deus faça.

22-Minha arca cerrada, minha alma sã.

23-Ninguém faz mal que o não venha a pagar.

24-No boticário está a chave do médico, e no escrivão a do feito.

25-O nosso alcaide nunca dá passada de balde.

26-O alcaide e o Sol, por onde quer entram.

27-Onde força não há, direito se perde.

28-Pesa justo e vende caro.

29-Quem murmura, a muito se aventura.

30-Qual te acho, tal te julgo.

31-Quem anda em demanda, com o Demo anda.

32-Quem lei estabelece guardá-la deve.

33-Quem promete, deve.

34-Quem faz o que quer, não faz o que deve.

35-Rogo e direito fazem o feito.

36-Seja eu meirinho, e seja de um moinho.

37-Se queres que faça por ti, faz por mim.

Ladroice

1- A conta dos Ciganos, todos furtamos.

2- Consciência de gato de Portalegre, que ficou com dinheiro e tornou a pele.

3- Do contado come o lobo.

4- Do contado come o gato.

5- Do couro se tiram as correias.

6- Fazer do ladrão fiel.

7- Fartar o porco, dar os pés por Deus.

8- Mais vale salto de mata que rogos de homens bons.

9- Miguel, Miguel, não tens abelhas e vendes mel.

10-Mostrais ourelo e fugis com o pano.

11-Muitos cães entram no moinho, mal pelo que acham dentro.

12-Morcela que o gato leva, guardada vai.

13-Não há ladrão sem encobridor.

14-Não há cerradura se de ouro é a gazua.

15-O bem ganhado se perde, e o mal, seu amo e ele.

16-O buraco chama o ladrão.

17-O ladrão cuida que todos tais são.

18-O ladrão, da agulha ao ouro, e do ouro à forca.

19-O que me deves me paga, que o que te devo não
é nada.

20-O que rio achega, o rio leva.

21-Ou me darás o potro, ou me matarei a égua.

22-Pelejam os ladrões, descobrem-se os furtos.

23-Pelejam as comadres, descobrem-se as verdades.

24-Quem cabritos vende e cabras não tem, de onde
lhe vem[?]

25-Quem engana ao ladrão, cem dias ganha de
perdão.

26-Quem jogou, pediu, furtou, jogará, pedirá,
furtará.

27-Quem não tem calças em Inverno, não fies dele
teu dinheiro.

28-Quem não tem vergonha, todo o mundo é seu.

29-Quem o alheio veste, na praça o despe.

30-Quem se empena sem ter pena, depois se
depena.

31- Quem troca odre por odre, algum deles é podre.

32- Quem uma vez furta, fiel nunca.

33- Queres fazer do ladrão fiel, fia-te dele.

34- Seja tua a figueira, esteja eu à beira.

35- Sempre o alheio suspira por seu dono.

36- Tornará como o Maio de Lagos.

Liberalidade e Escassez

1- Abre tua bolsa, abrirei a minha boca.

2- Ao bom darás e do mau te afastarás.

3- Até prometer, ter escasso.

4- A quem hás-de dar de cear, não te doa dar-lhe de merendar.

5- A quem dão não escornam.

6- A quem dão, não escolhe.

7- As graças perde, quem se detém no que promete.

8- Bilha de leite por bilha de azeite.

9- Cansa quem dá, e não cansa quem toma.

10- Cale o que deu, e fale o que recebeu.

11- Comprar caro não é fraqueza.

12- Dar é honra, e pedir desonra.

13- Do pouco, pouco, e do muito, nada.

14- Em tempo, e lugar, o perder é ganhar.

15-Far-te-ei ver as estrelas ao meio dia.

16-Faz bem ao bom varão, haverás galardão.

17-Faz bem, não cates a quem.

18-Uma figa há em Roma, para quem lhe dão e não toma.

19-Uma vez no ano, essa com dano.

20-Lá vás emprestado, de onde venhas melhorado.

21-Mais dá o cru que o nu.

22-Mais vale um "toma" que dois "te darei".

23-Melhor é dar a ruins que pedir a bons.

24-O liberal busca ocasião para dar.

25-Por dar esmola nunca falta a bolsa.

26-Quem a boa árvore se chega, boa sombra o cobre.

27-Quem dá logo, dá duas vezes.

28-Quem dá, e sempre não dá, tanto perde quanto dá.

29-Quem dá bem vende, senão é ruim quem recebe.

30-Quem do que lhe dói não der, não haverá o que quiser.

31-Quem nega, e depois faz, quer paz.

32-Quem o gosta o louva, e quem o não gosta o mofa.

33-Quem saber dar, sabe tomar.

34-Quem só come seu galo, só sela seu cavalo.

35-Quem tudo dá, tudo nega.

36-Quem unta, amolenta.

37-Quem faz o bem e não faz o bonete, quanto faz, tanto perde.

38-Ri-se o Diabo, quando o faminto dá ao farto.

39-Sempre promete em dúvida, pois ao dar ninguém te ajuda.

40-Se te dá o pobre, é para que mais te tome.

Maldade

1- A carro entornado todos dão de mão.

2- A cão mordido, todos o mordem.

3- A coisa mal feita, rogo ou peita.

4- A cruz nos peitos e o Diabo nos feitos.

5- A duas palavras, três porradas.

6- A dois ruins e a dois tições, nunca bem os compões.

7- A escudeiro mesquinho, rapaz adivinho.

8- A gastador nunca falta que gastar, nem ao jogador, que jogar.

9- Aí te dói, aí te darei.

10-A um engano, outro engano.

11-A mentira sempre é vencida.

12-A mentira não tem pés.

13-A mancebo mau, com pão e com pau.

14-A mouro morto grande lançada.

15-Antes cegues que mal vejas.

16-Ao que faz mal, nunca lhe faltam achaques.

17-Ao mentiroso não vale verdade falar.

18-Ao ruim, quanto lhe mais rogam, mais se estende.

19-A palha no olho alheio, e não a trave no nosso.

20-Aquele não faz pouco, que seu mal deita a outro.

21-A quem o Demo toma uma vez, sempre lhe fica
    um jeito.

22-A quem mal vive, o medo o segue.

23-A tu por tu, como em taverna.

24-Bem sabe o Demo cujo frangalho rompe.

25-Bem sabe a espinha onde finca.

26-Bem sabe o gato cujas barbas lambe.

27-Bem sabe o fogo cuja casa queima.

28-Beija o homem a mão que quisera ver cortada.

29-Besteiro que mal atira, prestes tem a mentira.

30-Boca que errou não merece pena, nem que pão
    lhe falte.

31-Boca de mel, mãos de fel.

32-Bom amigo é o gato, se não arranhasse.

33-Cão de palheiro, nem come, nem deixa comer.

34-Comadres e vizinhas, as revezes são farinhas.

35-Como te fizer teu compadre, assim lhe faz.

36-Companhia de dois, companhia de bons.

37-Companhia de três é má rês.

38-Contas na mão e o olho ladrão.

39-Cuida o mentiroso que tal é o outro.

40-Dádiva ruim a seu dono parece.

41-Debaixo de boa palavra aí está o engano.

42-Debaixo de bom saio está o homem mau.

43-De ruim a ruim pouca é melhoria.

44-De ruim a ruim, quem acomete vence.

45-Desde que maus chorei, cada dia merece porque.

46-De tais romarias, tais perdões.

47-De tal gente, tal semente.

48-De sangue misturado, e de moço refalsado me
   livre Deus.

49-Dobrada é a maldade feita com cor de verdade.

50-Do fogo te guardas, e do mau homem não
   poderás.

51-Do mal que fizeres não tenhas testigo[50], ainda que
   seja teu amigo.

52-Em melhor pano há maior engano.

---

50 Ou "testemunha".

53-Eu como tu, e tu como eu, o Diabo te me deu.

54-Faz mal e espera outro tal.

55-Fazer uma, e rogar a Deus por outra.

56-Feita a lei, cuidada a malícia.

57-Feitos te farei, que ao coração te cheguem.

58-Feitos de vilão, tirar pedra e esconder a mão.

59-Gente ruim não há mister chocalho.

60-Um ruim se nos vai da porta, outro vem que nos
consola.

61-Um tinhoso queria que todos o fossem.

62-Mal alheio passa como um cabelo.

63-Mais custa mal fazer, que bem fazer.

64-Mais vale vergonha na cara que mágoa no
coração.

65-Mal por mal, não se deve dar.

66-Medo haverei, mas bom nunca o serei.

67-Mete o ruim em teu palheiro, quererá ser teu
herdeiro.

68-Mete a mão em o teu seio, não dirás do fado
alheio.

69-Na aldeia que não é boa, mais mal há que soa.

70-Não há manjar que não enfastie, nem vício que
não enfade.

71-Não jogo aos dados, mas faço outros piores

baratos.

72-Olho mau, a quem viu pegou malícia.

73-O mau ao bom anoja, que ao mau não ousa.

74-O mal que de tua boca sai, em teu céu cai.

75-O mau vizinho vê o que entra, mas não o que sai.

76-O mau sempre cuida com enganos.

77-O pelo muda a raposa, mas o natural não despoja.

78-O que vive mal, pouco vive.

79-Pelos maus perdem os bons.

80-Por teu coração julgas o de teu irmão.

81-Preso por mil, preso por mil e quinhentos.

82-Quebrarei a mim um olho, por quebrar a ti outro.

83-Quem com o Demo anda, com ele acaba.

84-Quem com o Demo cava a vinha, com o Demo a vindima.

85-Quem Demos compra, Demos vende.

86-Quem diz mal do seu, mal calará o alheio.

87-Quem diz o que quer ouve o que não quer.

88-Quem está no lodo quer meter o outro.

89-Quem faz mal, espere outro tal.

90-Quem laço me armou, nele caiu.

91-Quem má a faz, nela jaz.

92-Quem más manhas há, tarde ou nunca as

perderá.

93-Quem de mel se faz, as moscas o comem.

94-Quem em casa da mãe não atura, na da madrasta não espere ventura.

95-Quem não tem mesura, toda a vila é sua.

96-Quem pedra para cima deita, cai-lhe na cabeça.

97-Quem ruim é em sua terra, ruim é fora dela.

98-Quem torto nasce, tarde se endireita.

99-Ruim seja, quem por ruim se tem.

100- Saltou a cabra na vinha, também saltará sua filha.

Medicina

1- A dor de cabeça minha, e as vacas nossas.

2- À boca do fraco, esporada de vinho.

3- A bom comer, ou mau comer, três vezes beber.

4- A bom bocado, grande.

5- A cabeça, com comer endireita.

6- A castanha, e o besugo, em Fevereiro não tem fumo.

7- Água que deres a teu senhor, não a olhes ao Sol.

8- Água fria, e pão quente, nunca fizeram bom ventre.

9- Água ao figo, e à pêra vinho.

10-Água sobre mel sabe mal e não faz bem.

11-Água fria sarna cria, água roxa sarna escocha[51].

12-Água de serra e sombra de pedra.

13-A homem comedor, nem coisa delicada nem apetite no sabor.

14-Juntam-se três para peso de seis.

15-A mão no peito e o pé no leito.

16-A médico, ao advogado e ao abade, falar verdade.

17-Antes que jantes, não passes de Abrantes.

18-Ao delicado, pouco mal o tem atado.

19-Ao médico, [ao] confessor e ao letrado, não os tenhas enganado.

20-Ao terceiro dia, maior dor na ferida.

21-A pequeno mal, grande trapo.

22-Ao gosto danado o doce é amargo.

23-A pimenta aquenta.

24-A pouco dinheiro, pouca saúde.

25-A quem em Maio come sardinha, em Agosto lhe pica a espinha.

26-A quem não traz bragas, as costuras o matam.

27-A quem não dávamos vida, em galochas vai à missa.

---

51 Ou "mata", "destrói".

28-A quem dói o dente, dói a dentuça.

29-Aquele vai mais são que anda pelo chão.

30-A salada bem salgada, pouco vinagre, e bem azeitada.

31-A serpente peçonhenta, e o mau em um mesmo grau.

32-As boas novas a todo o tempo, e as más pela manhã.

33-As mãos no pandeiro, e em al o pensamento.

34-Às nove, deita-te e dorme.

35-As tripas estejam cheias, que elas levam as pernas.

36-À tua mesa, nem à alheia, não te sentes com bexiga cheia.

37-A vida passada faz a velhice pesada.

38-A velhice da pimenta, engelhada e negra.

39-Avicena e Galeno trazem a minha casa o bem alheio.

40-Azeite de riba, mel do fundo, vinho do meio.

41-Azeite de oliva todo o mal tira.

42-Bem cego é quem muito vê por aro de peneira.

43-Boa é a truta, bom o salmão, bom é o sável, quando é de sazão[52].

---

52 Ou seja, "na sua altura".

44-Bocado de mau pão, não o comas nem o dês a teu irmão.

45-Bocejo longo, fome ou sono.

46-Borracha vazia não tira secura.

47-Caldo de nabos, nem o queiras nem o dês a teus criados.

48-Câmaras de Maio, saúde de todo ano.

49-Cama de chão, cama de cão.

50-Cada um sente o frio como anda vestido.

51-Carne, carne cria.

52-Capão de oito meses para a mesa de reis.

53-Carne de pena tira do rosto a ruga.

54-Caldo de raposa, frio e queima.

55-Chaga de juntura, não te a dê Deus por ventura.

56-Chagas untadas doem, mas não tanto.

57-Come para viver, pois não vives para comer.

58-Comer sem beber, cegar e não ver.

59-Comer até adoecer, curar até sarar.

60-Come, menino, crescerás; come, velho, viverás.

61-Come caldo, vive em alto, anda quente, viverás longamente.

62-Come, que a hora de comer é a da fome.

63-Comer verdura e deitar, má ventura.

64-Com ouro ou prata, bisnaga ou nada.

65-Como te fizeste calvo? Pêlo pelando.

66-Com o que sara o fígado, enferma o baço.

67-Coxo e não de espinha, calvo e não de tinha.

68-Cego, e não de nuvem, todo o mal encobre.

69-Come com ele, e guarda-te dele.

70-De pescada, a rabada.

71-De caldo requentado e de vento de buraco,
    guardar dele como do Diabo.

72-Demandar e urinar levam o homem ao hospital.

73-Depois de peixe, mau é o leite.

74-De pequena candeia grande sujeira.

75-Destes e dos ungidos escapam poucos.

76-Dia de purga, dia de amargura.

77-Dia de tosquia, dia de sangria.

78-Desejo de doente, vista de barbeiro, serviço de
    mulher.

79-Dessa mezinha, ponde vós nessa tinha.

80-Dia de barba, semana de porco, ano de casado.

81-Disse o leite ao vinho, venhas embora amigo.

82-Do capão a perna, da galinha a titela.

83-Do peixe a pescada, e da carne a perdiz.

84-Doença de tordo, rosto magro, corpo gordo.

85-Dor de cotovelo e dor de marido, ainda que doa
    logo é esquecido.

86-Dor de parente, dor de dente.

87-Dos feridos se fazem os mestres.

88-Dos cheiros o pão, e do sabor o sal.

89-Embora vás mal, onde te põem bom cabeçal.

90-Em Dezembro, lenha e dorme.

91-Em Janeiro, sete capelos e um sombreiro.

92-Em Janeiro, um pouco ao Sol e outro ao fumeiro.

93-Em pequena hora Deus melhora.

94-Em paço escuro não entra alegria.

95-Enquanto tem saúde, quedos estão os santos.

96-Em tempo nevado, o alho vale um cavalo.

97-Enguia em empada, lampreia em escabeche.

98-Estando alegre não leias carta logo, para que não nasça cuidado novo.

99-Erva crua, deita-la na rua.

100- Faz da noite noite, e do dia dia, viverás com alegria.

101- Favas, das mais caras, cerejas, das mais baratas.

102- Febres outonais, ou muito longas ou mortais.

103- Fome de rio, sede de mato.

104- Grande prazer não escusa comer.

105- Uma azeitona ouro, a segunda prata, a terceira mata.

106- Uma sebe dura três anos, um cão três sebes, um cavalo três cães, um homem três cavalos, um corvo três homens, um elefante três corvos.

107- Um ovo quer sal e fogo.

108- Um dia frio, e outro quente, logo um homem é doente.

109- Jantar tarde e cear cedo tiram a merenda do premeio.

110- Lá vai a língua onde o dente grita.

111- Lá vai a língua onde dói a gengiva.

112- Lá vai o mal, onde comem o ovo sem sal.

113- Leite sem pão até à porta vai.

114- Mais matou a ceia que sarou Avicena.

115- Mais vale suar que enfermar.

116- Mal conhecido com seu dono morre.

117- Mal sobre mal, pedra por cabeçal.

118- Mal prolongado morte no cabo.

119- Mãos de mestre unguento são.

120- Médicos de Valença, grandes fraldas pouca ciência.

121- Melhor é dente podre que cova na boca.

122- Melhor é ser torto que cego de todo.

123- Melhor é rosto vermelho que coração negro.

124- Mijar claro, dar uma figa ao médico.

125-   Não te enchas, não te rebentarás.

126-   Não há melhor cirurgião que o bem acutilado.

127-   Não há mal que o tempo não cure.

128-   Não há moço doente nem velho são.

129-   Não digas ao velho que se deite, nem ao menino que se levante.

130-   Não é de agora, o mal que não melhora.

131-   Não está fora de canseira, quem os pés muda para a cabeceira.

132-   Não vai mal à face, onde a espinha carnal nasce.

133-   Nas más pernas nascem as frieiras.

134-   Nem com cada mal ao médico, nem como cada trampa ao letrado.

135-   Nem comas cru, nem andes com pé nu.

136-   Nem pernada de potro, nem rasgo de um pé com outro.

137-   Não bebas da lagoa, nem comas mais que uma azeitona.

138-   Nem te fies em vilão, nem bebas água de charqueirão.

139-   No tempo que se come não se envelhece.

140-   Nunca lavei cabeça que não me saísse tinhosa.

141-   O bom vinho faz bom sangue.

142- O cabrito de um mês, o queijo de três.

143- O castigo faz ao doido ter siso.

144- O faminto não morre de fastio.

145- O homem mesquinho, depois de comer tem
frio.

146- O leitão de um mês, o pato de três.

147- O leitão e o pato, do cutelo ao espeto.

148- O leitão com vinho torna-se menino.

149- O mal e o bem à face vem.

150- O mal que não tem cura é loucura.

151- O mal largo, e a morte no cabo.

152- O mal entra às braçadas e sai às polegadas.

153- O mal do olho cura-se com o cotovelo.

154- O mal alheio dá conselho.

155- O mel bailando se quer.

156- O muito falar enrouquece e o muito coçar
escore.

157- O moço dormindo, sara, e o velhote acaba.

158- O morto apodrece e o moço cresce.

159- O Natal ao soalhar e a Páscoa ao lar.

160- Onde sobeja a água, a saúde falta.

161- O pão põe força, e não outra coisa.

162- O que é bom para o ventre é mau para o
dente.

163- O gosto danado julga o doce por agro.

164- Ora pela pêra, ora pela maçã, minha filha
nunca é sã.

165- Os erros do médico a terra os cobre.

166- O são ao doente em regra o mete.

167- O temor é uma mortal dor.

168- O tempo cura o enfermo, que não o unguento.

169- O velho e o peixe, ao sal aparecem.

170- O velho que se cura, cem anos dura.

171- O velho a estirar, o diabo a arrugar.

172- Ouçam de palma não o tira toda a barba.

173- Pão de hoje, carne de ontem, vinho de outro
Verão, fazem o homem são.

174- Para mal de costado bom é o abrolho.

175- Para mal que hoje acaba não há remédio, o de
amanhã basta.

176- Pés tortos, não há mister socos.

177- Pode haver sofrimento na dor, e não no temor.

178- Por linha vem a tinha.

179- Por Natal Sol, e por Páscoa carvão.

180- Pouco mal e bom gemido.

181- Pão de ilha, arca cheia, barriga vazia.

182- Qual cabeça, tal siso.

183- Quando a criatura denta, morte atenta.

144

184- Quando Deus queria, ao longo cuspia; agora que não posso, cuspo aqui logo.

185- Quando os doentes bradam, os físicos ganham.

186- Quando o médico é piedoso, é o doente perigoso.

187- Quando o nó se faz piolho, com mal anda o olho.

188- Quem se lava com vinho torna-se menino.

189- Quem depressa se cura, tarde sarou.

190- Quem abrolhos semeia, espinhos colhe.

191- Quem ceia e se vai deitar, má noite há de passar.

192- Quem de doidice enfermou, nunca ou tarde sara.

193- Quem em Maio não merenda, aos finados se encomenda.

194- Que é amigo de vinho, inimigo é de si mesmo.

195- Quem em pedra pousa, em pedra se torna.

196- Quem em velho engorda, de boa mocidade se logra.

197- Quem má boca tem, má bostela faz.

198- Quem mais não pode, com sua mazela morre.

199- Quem mal padece mal parece.

200- Quem não crê na dor, creia na cor.

201- Quem quiser olho são, ate a mão.

202- Quem se deita sem ceia toda a noite devaneia.

203- Quem se não rege, muitas vezes se dói.

204- Quem tem vida, a água fria lhe é mezinha.

205- Quem tem doença, abra a bolsa e tenha paciência.

206- Queres ver teu marido morto, dá-lhe couves em Agosto.

207- Quem se cura com benesses não vai à mão de mestres.

208- Resfriadas doem mais as chagas.

209- Sangrai-o, purgai-o, e se morrer enterrai-o.

210- Saúde o come, que não boca grande.

211- Saúde é a que joga, que não camisa nova.

212- Se queres ser bem disposto, bebe vinho e manja mosto.

213- Se a pílula bem soubera, não se dourara por fora.

214- Se não vejo pelos olhos, vejo pelos óculos.

215- Se não dorme meu olho, folga meu osso.

216- Se queres cedo engordar, come com fome, bebe devagar.

217- Se queres a água limpa, tira da fonte viva.

218-   Se queres que o teu filho cresça, lava-lhe os pés e rapa-lhe a cabeça.

219-   Se queres enfermar, lava a cabeça e vai-te deitar.

220-   Se queres viver são, faz-te velho ante tempo.

221-   Se soubesse a mulher a virtude da arruda, buscá-la-ia de noite à Lua.

222-   Se tens físico teu amigo, manda-o a casa de teu inimigo.

223-   Sinal mortal, não desejar sarar.

224-   Sobre comer, dormir, sobre cear, passos dar.

225-   Sobre pêras vinho bebas, e seja tanto que nadem elas.

226-   Sono de Abril deixa-o a teu filho dormir, e o de Maio a teu cunhado.

227-   Sob a sombra da nogueira não te deites a dormir.

228-   Tal é o rabão pela manhã como a laranja à tarde.

229-   Tanto pão como um polegar torna a alma a seu lugar.

230-   Tem tento, quando te der no rosto o vento.

231-   Tens vontade de morrer, ceia carneiro assado e deixa-te adormecer.

232- Todo o pescado é freima[53], e todo o jogo postema[54].

233- Touro, galo e barbo, tudo tem sezão em Maio.

234- Vede-la gorda e vermelha, pelo papo lhe entra, que não pela orelha.

235- Vinho de peras não o bebas, nem o dês a quem bem quiseras.

236- Vive o pastor com sua rudeza, e morre o físico que a física reza.

Mentira

1- De longas vias, longas mentiras.

2- De "farei, farei", nunca me pagarei.

3- Fala de lisonjeiro, sempre vã e sem proveito.

4- Fazer do céu cebola.

5- Formoso e aleivoso.

6- É falso, como manta de retalhos.

7- Jurarás, jurarás, e não serás crido.

8- Juramento de quem ama mulher não é para crer.

9- Lançar a pedra, esconder a mão.

10-Mais asinha se toma um mentiroso que um coxo.

---

53 Ou "impaciência".

54 Ou "vício".

11-Mais são as vozes que as nozes.

12-Menos se mentiria, se de mentir se pagasse sisa.

13-Mente Marta, como sobrescrito de carta.

14-Mente mais do que dá por amor de Deus.

15-Mente Pedro, porque o tem de vezo.

16-Mente, quem dá com a língua no dente.

17-Mentiras de caçadores são as maiores.

18-Moeda falsa de noite passa.

19-Metes os cães na moita, e arredaste pêra fora.

20-Muito prometer é espécie de negar.

21-Não o quero, não o quero, deita-mo neste capelo.

22-Não diga a língua por onde pague a cabeça.

23-Não é tudo ouro o que reluz.

24-Não é tudo verdadeiro, o que diz o pandeiro.

25-Não é o Demo tão falso como o pintam.

26-Não fio nada até ser manhã.

27-Os que falam com olhos fechados querem ver os
    outros enganados.

28-Obra é de vilão, tirar pedra e esconder a mão.

29-O mentir não paga sisa.

30-O tramposo asinha engana o cobiçoso.

31-O velho na sua terra, e o moço na alheia, sempre
    mentem de uma maneira.

32-Palavras de santo e unhas de gato.

33-Por muito que o engano se encobre, ele mesmo se descobre.

34-Pontas e colar encobrem muito mal.

35-Apregoa vinho, vende vinagre.

36-Quando o Diabo reza, enganar-te quer.

37-Quem má demanda tem, a brados a mete.

38-Quem me não crê, verdade me não diz.

39-Quem mente arrede testemunhas.

40-Quem me mente não me engana.

41-Quem mentiu e jurou não me enganou.

42-Quem o seu cão quer matar, raiva lhe põe nome.

43-Quem por rodeios fala, com arte anda.

44-Quem se detém em dar o que promete, claro está que se arrepende.

45-Quem sempre mente, vergonha não sente.

46-Quem te faz festa, não sabendo fazer, ou te quer enganar, ou te há mister.

47-Tirar a castanha do fogo com a mão do gato.

48-Todo o branco não é farinha.

49-Unhas de gato e hábito de beato.

Morte

1- A morte não há casa forte.

2- A morte que der a ventura, essa se sofra.

3- A morte com honra, desassombra.

4- Andar, andar, corpo a enterrar.

5- Aos olhos tem a morte, quem no cavalo passa a ponte.

6- Casa com parida, na outra vida.

7- Contra a morte não há coisa forte.

8- Depois de morto, nem vinha nem horto.

9- Do mal que homem foge, desse morre.

10- Duas mortes sofre, quem por mãe alheia morre.

11- Faz-te morto, deixar-te-á o touro.

12- Lá morreu, por quem tangiam.

13- Longa corda tira, quem por morte alheia suspira.

14- Mais pedir e mendigar que na forca pernear.

15- Mais vale arrodear que afogar.

16- Medo há paio, pois reza.

17- Morre o boi, e a vaca, e fica o Demo em casa.

18- Morra Marta, morra farta.

19- Morto o afilhado, desfeito o compadrado.

20- Morra São João, e quantos com ele são.

21- Na morte ninguém finge, nem é pobre.

22- Não há morte sem achaque.

23- Nem boda sem canto, nem morte sem pranto.

24- Nenhum dia é mau, se a morte vem a horas.

25-O fim louva a vida, e a tarde o dia.

26-Hoje em nossa figura, e amanhã na sepultura.

27-Onde não há morte, não há má sorte.

28-O que em tua vida não fizeres, de teus herdeiros
o não esperes.

29-Os mortos aos vivos abrem os olhos.

30-Quem acaba sua cova tapa.

31-Quem a morte pretendia, suspeita deixa a vida.

32-Quem em cárceres vive, em cárceres quer morrer.

33-Quem mal anda, em mal acaba.

34-Quem morte alheia espera, a sua lhe chega.

35-Se queres testamento, faze-o estando são.

Mula

1- A mula velha cabeçadas novas.

2- A mula com afago, cavalo com castigo.

3- A mula com atadura, nem cevada, nem ferradura.

4- Caminho largo, ou mula ou mulato.

5- Conta feita, mula morta, cavaleiro anda a pé.

6- Grande pé, e grande orelha, sinal é de grande
besta.

7- Morreu o nosso macho, ainda agora lhe fede o
rabo.

8- Mulo ou mula, asno ou burra, rocim nunca.

9- Não compres mula manca, cuidando que há de sarar, nem cases com mulher má, cuidando que se há de emendar.

10-O filho bastardo, e mula, cada dia fazem uma.

11-O mulato sempre parece asno, quer na cabeça quer no rabo.

12-Que siso de Alveitar, mula morta manda sangrar.

13-Sinal é de má besta, suar detrás da orelha.

Mulher

1- A branca com frio não vale um figo.

2- A boa fiandeira, de São Bartolomeu toma a velha, e a mais boa de Madalena.

3- A casta, a pobreza lhe faz fazer vileza.

4- A dama de monte, cavaleiro de Corte.

5- A boa filha duas vezes vem para casa.

6- A emperrada quer-se quebrada.

7- Ainda que vistais a mona de seda, mona se queda.

8- Ainda não é nascida já espirra.

9- Alguma coisa se há-de sofrer, para embranquecer.

10-A donzela e o açor, com a espalda ao Sol.

11-Ama com amigo, nem a tenhas nem a dês a teu
amigo.

12-A má irmã não te ama.

13-A má vizinha, dá agulha sem linha.

14-A moça no telhado não anda a bom recado.

15-A moça em se enfeitar, e a velha em beber,
gastam todo o seu haver.

16-A moça como é criada, a estopa como é fiada.

17-A mulher que muito bebe tarde paga o que deve.

18-A mulher mesquinha detrás do lar acha a espinha.

19-A mulher que dá no homem, na terra do Demo
morre.

20-A mulher é loba no escolher.

21-A mulher e a galinha, com Sol recolhida.

22-A mulher de bondade, outrem fale e ela cale.

23-A mulher que te quiser, não dirá o que em ti
houver.

24-A mulher e a seda, de noite à candeia.

25-A mulher que se fia de homem jurar, o que ganha
é chorar.

26-A mulher e o vidro sempre estão em perigo.

27-A mulher e a cachorra, a que mais cala, é mais
boa.

28-A mulher, e o vinho, tiram o homem de seu juízo.

154

29-A mulher, por rica que seja, se é pedida, mais
deseja.

30-A mulher polida a casa suja, e a porta varrida.

31-A mulher que perde a vergonha nunca a cobra.

32-A mulher janeleira, uvas de parreira.

33-A mulher a lima, a mais lisa.

34-A mulher e o pedrado quer-se pisado.

35-A mulher do escudeiro, toucas alvas e coração
negro.

36-A mulher de outro marido, e a burra com
burrinho, nunca se mete a caminho.

37-A mulher do velho reluz como espelho.

38-A mulher casada não dês barba.

39-A mulher brava, corda larga.

40-A mulher de escudeiro, grande bolsa pouco
dinheiro.

41-A mulher de fidalgo, pouco dinheiro grande
trançado.

42-A mulher que cria, não é farta nem limpa.

43-A mulher mal toucada, ou é formosa ou mal
casada.

44-A mulher composta a seu marido tira de outra
parte.

45-A mulher parida e à teia urdida, nunca lhe falta

guarida.

46-A mulher tanto mais olha a cara, tanto mais destrói a casa.

47-A mulher casada no monte é alojada.

48-A mulher e a pega fala o que dizeis na praça.

49-A mulher e a cereja por seu mal se enfeita.

50-A mulher que não vela não faz grande teia.

51-A mulher que pouco fia sempre faz ruim camisa.

52-A mula, e a mulher, com afagos fazem os mandados.

53-A mulher, e a vinha, o homem lhe dá alegria.

54-Antes que cases olha o que fazes, que não é nó que desates.

55-Aquela é bem casada, que não tem sogra nem cunhada.

56-A quem tem mulher formosa, castelo em fronteira, vinha na carreira, não lhe falta canseira.

57-As mais feias que todas, umas e outras fazem as bodas.

58-A velha e a cortiça curadas se querem.

59-Axa foi ao banho, teve que contar ano.

60-Axa não tem que comer, convida hóspedes.

61-Bem toucada, não há mulher feia.

62-Cabelos e cantar não fazem bom enxoval.

63-Com a mulher e dinheiro não zombes, companheiro.

64-Comadre andeja, não vou a parte onde a não veja.

65-Cresce a mulher com bom marido, como o ouro bem batido.

66-Da laranja e da mulher, o que ela der.

67-Dá-me pega sem mancha, dar-te-ei mulher sem tacha.

68-Da mulher, e da sardinha, a mais pequenina.

69-Da má mulher te guarda, e da boa não fies nada.

70-Digna é de nome, e fama, a mulher que não tem fama.

71-Diz-lhe que é formosa e tornar-se-á doida.

72-Dizem em Roma que a mulher fie e coma.

73-Do mar se tira o sal, e da mulher muito mal.

74-De onde vives aranha, de casa de minha cunhada.

75-Enquanto a grande se abaixa, a pequena varre a casa.

76-Essa boa, e escolhida, que é seguida e não vencida.

77-Formosa é de rosto, a que é boa de seu corpo.

78-Formosura da mulher não faz rico ser.

79-Fiandeira, fiai manso, que me estorvais, que estou

rezando.

80-Fiandeira não ficaste, pois em Maio não fiaste.

81-Fiandeira preguiçosa ao domingo é aguçosa.

82-Fui a casa de minha vizinha, envergonhei-me, tornei-me a minha e consolei-me.

83-Uma coisa, a que nunca errou.

84-Ainda que sou tosca, bem vejo a mosca.

85-Madrasta, o nome lhe basta.

86-Mãe velha, e camisa rota, não desonra.

87-Mãe, casai-me logo, que se me enruga o rosto.

88-Mãe aguçosa, filha preguiçosa.

89-Mãe e filha vestem uma camisa.

90-Mãe e filhos, por dar e tomar, são amigos.

91-Mais puxa moça que corda.

92-Mal pequenino, antes em mim que em meu marido.

93-Moça garrida, ou bem ganhada ou bem perdida.

94-Moça é Maria, quando se tosquia.

95-Moça louçã, cabeça vã.

96-Mulher formosa, ou doida ou presunçosa.

97-Mulher muito louçã dar-se quer a vida vã.

98-Mulher palreira diz de todos e todos dela.

99-Não há casa farta onde a roca não anda.

100-   Não há formosura sem ajuda.

101- Não há madre como a que pare.

102- Nem dona sem escudeiro, nem fogo sem trasfogueiro.

103- Nem o rouxinol de cantar, nem a mulher de falar.

104- Nem tão formosa que mate, nem tão feia que espante.

105- Nem moça boa na praça, nem homem rico por caça.

106- No andar e no beber conhecerás a mulher.

107- No Inverno forneira, e no Verão taberneira.

108- Nadar, nadar, ir morrer à Beira.

109- O homem na praça e a mulher em casa.

110- Panela de viúva, pequena e bem cheia.

111- Pior é a moça de casar que de criar.

112- Pelo marido rainha, e pelo marido mesquinha.

113- Pelo marido vassoura, e pelo marido senhora.

114- Qual é Maria, tal filha cria.

115- Que fiandeira eu era, se ventura houvera.

116- Quem não tem dinheiro, não tem graça.

117- Quem quiser mulher formosa, ao sábado a escolha, não ao domingo na boda.

118- Quem tem quem o chore, cada dia morre.

119- Que prazer de marido, a cera acabada e ele

vivo.

120- Sábado à noite, Maria dá-me roca.

121- Se Maria bailou, tome o que achou.

122- Se não fores casta, sê cauta.

123- Tal é o Demo como sua mãe.

124- Tiraram-me o espelho por feia, e deram-no à cega.

125- Tive formosura e não tive ventura.

126- Vai a moça ao rio, conta o seu e o do seu vizinho.

127- Viúva de estrada, nem viúva nem casada.

Obras Mecânicas

1- A boa obra, se é pedida já vai comprada e bem vendida.

2- Afanar, afanar, e nunca medrar.

3- A metade da obra tem feito quem começa com tempo.

4- Barba remolhada, meia rapada.

5- Bom princípio é metade.

6- Sapato roto, ou são, melhor é no pé que na mão.

7- Sapato quanto duras, quanto me untas.

8- Carrega a nau traseira, andará a vela dianteira.

160

9- Começado, e acabado, como camisa de enforcado.

10-Como saco de carvoeiro, mão de fora, pior de
   dentro.

11-Coze, que cozas, e não que rompas.

12-Cutelo mau corta o dedo e não corta o pão.

13-Dá nó, não perderás ponto.

14-De linho mordido nunca bom fio.

15-Depois de rapar não há que tosquiar.

16-De tal pedaço, tal retraço.

17-Fio e agulha, meia costura.

18-Gaba-te cesto, que vender te quero.

19-Ainda que entres na vinha e soltes o gabão, se
   não trabalhares não te darão pão.

20-Mais há na amarra que fazê-la e furá-la.

21-Mal vai ao fuso, quando a barba não anda em
   cima.

22-Mão posta, ajuda é.

23-Muitos vão ao mercado, e cada um com seu fado.

24-Não de olhos que choram, senão de mãos que
   trabalham.

25-Não quebra por delgado, senão por gordo e mal
   fiado.

26-Não se fez Roma em um dia.

27-O bom pano na arca se vende.

28- Obra do comum, obra de nenhum.

29- Obra de nenhum, obra de um.

30- Obra começada, meia acabada.

31- Obra começada, não te a veja sogra nem cunhada.

32- Obra feita, dinheiro espera.

33- Obreiro pago, braço quebrado.

34- Pouco e pouco fia a velha o copo.

35- Princípio querem as coisas.

36- Qual fiamos, tal andamos.

37- Quando o ferro está acendido então há-de ser batido.

38- Sola do lombo, vira daí logo.

Oficiais Mecânicos

1- A fome chega à porta do oficial, mas não pode lá entrar.

2- A lima, lima a lima.

3- Alfaiate de encruzilhada, que põe as linhas de sua casa.

4- Alfaiate pobre a agulha se lhe dobre.

5- Alfaiate mal vestido, sapateiro mal calçado.

6- Almocreve cavaleiro não ganha dinheiro.

162

7- A madeira para tua casa corta em Janeiro.

8- Aprende chorando e rirás ganhando.

9- Aprendiz de Portugal não sabe coser e quer cortar.

10-Aprende por arte e irás por diante.

11-As mãos do oficial envoltas em landal.

12-A tesoura do caldeireiro não corta pano e corta
    ferro.

13-Cada boforinheiro[55] louva seus alfinetes.

14-Sapateiro, porque choras? Porque não tenho
    solas.

15-Cada um diz da feira como lhe vai nela.

16-Cada um faz no que sabe.

17-De bom mestre, bom discípulo.

18-De ferreiro a ferreiro não passa dinheiro.

19-Desde que não me pagam, surdo me faço.

20-Discípulo com cuidado, e o mestre bem pago.

21-Em casa do tangedor cada um é dançador.

22-Em casa do ferreiro, pejor apeiro.

23-Far-te-ei a barba, far-me-ás o topete.

24-Já passou o dia que eu talhava e cozia.

25-Isso me dá barbeiro, que odreiro, tudo é tosquiar
    cabelo.

26-Na barba do néscio aprendem todos a rapar.

---

55 Um vendedor de bugigangas.

27-Não deves dar mal por mal, nem creias em oficial.

28-Nas barbas do homem astroso se ensina o
   barbeiro novo.

29-Nem a oficial novo, nem a barbeiro velho.

30-Nem sapateiro sem dentes, nem escudeiro sem
   parentes.

31-Nem barbeiro mudo, nem cantor surdo.

32-Negro é o carvoeiro, branco é o seu dinheiro.

33-O bom aparelho faz o bom oficial.

34-Obreiro em Janeiro, pão te comerá mas obra te
   fará.

35-Oficial que vai à caça, não há mercê que Deus lhe
   faça.

36-O ofício de mãos não apartam irmãos.

37-O ferreiro com barbas e as letras com babas.

38-Ofício alheio custa dinheiro.

39-Oficial tem ofício e cabedal.

40-O ofício do albardeiro mete palha e tira dinheiro.

41-O ferreiro, e seu dinheiro, tudo é negro.

42-O moço oficial faça o que lhe mandam e não fará
   mal.

43-O oficial tem ofício e al.

44-O ruim barbeiro não deixa couro nem cabelo.

45-Pedra sobre pedra às vezes chega.

46-Pelo mal do ferreiro matam o carpinteiro.

47-Quando cai a vaca, aguçar os cutelos.

48-Quando o carpinteiro tem madeira para lavrar, e a mulher pão para amassar, não lhe falta pão que comer e lenha para queimar.

49-Quem é teu inimigo, o oficial de teu ofício.

50-Quem faz um cesto, fará cento.

51-Quem não trabalha não mantém casa farta.

52-Ruim é o ofício que não dá de comer a seu dono.

53-Ruim tesoura faz a meu marido boquitorto.

54-Se estiveres em tua tenda não te achará a contenda.

55-Se queres ser polido, traz agulha e mais fio.

56-Sofre por saber, e trabalha por ter.

57-Talhai passo, que há aí pouco pano.

58-Vão à missa os sapateiros, rogam a Deus que morram os carniceiros.

59-Usa, serás mestre.

Pescado

1- A pescada de Janeiro vale carneiro.

2- Com uma sardinha, comprar uma truta.

3- Não se tomam trutas às bragas enxutas.

4- Pela boca morre o peixe, e a lebre ao dente.

5- Peixe de Maio, quem to pedir, dá-lho.

6- Por São Marcos, bogas a sacos.

7- Quão grande o peixe, tão grande o sabor.

8- Quem pesca um peixe, pescador é.

9- Quem quer pescar há-de-se molhar.

10-Sáveis por São Marcos enchem os barcos.

11-Sáveis de Maio, maleitas de todo o ano.

Pobreza

1- A adem[56], a mulher e a cabra, é má coisa sendo
   magra.

2- A boa fome não há mau pão.

3- A Quaresma e a cadeia para pobres é feita.

4- Alvoradas à vila, que beringelas há no açougue.

5- A necessidade não tem lei, mas a da fome sobre
   todas pode.

6- Ao pobre não prometas e ao rico não faltes.

7- Ao pobre, e ao nogal, todos lhe fazem mal.

8- Ao pobre não é proveitoso acompanhar com o
   poderoso.

9- A pouco dinheiro, pouca saúde.

---

56 Uma espécie de pato.

10-A pobreza não é vergonha.

11-Aquela há-de chorar, que teve bem e veio a mal.

12-Aquele perde venda, que não tem que venda.

13-Aquele te deu, e o outro dará mal haja quem de
seu não há.

14-A quem não tem nada, nada o espanta.

15-A quem não sobeja pão, não crie cão.

16-Assaz é pobre e delgado quem conta seu gado.

17-A vergonha no pobre fá-lo mais pobre.

18-De casa do gato não vai o rato farto.

19-Dá-mo pobre, dar-to-ei aborrecido.

20-Detrás da porta do pobre toda a vileza se
esconde.

21-Em desterro dá a pobreza mais tormento.

22-Esse louva o nu, que não tem nenhum.

23-Fome e frio mete a pessoa com seu inimigo.

24-Um, e nenhum, tudo é um.

25-Na boda dos pobres tudo são vozes.

26-Não arrendes ao coitado rendas, nem cavalo.

27-Não há melhor mestra que a necessidade e
pobreza.

28-Não há mal tão lastimoso como não ter dinheiro.

29-Não contes tua pobreza a quem te não há de dar
de sua fazenda.

30-Não é pobre senão o que se tem por pobre.

31-Não é pobre o que tem pouco, senão o que cobiça
muito.

32-Não te faças pobre a quem te não há de fazer
rico.

33-Não tem sal, nem em que o deitar.

34-Neste mundo mesquinho quando há para pão, não
há para vinho.

35-O bácoro, e a fome, e o frio, fazem grande ruído.

36-O homem necessitado cada ano é apedrejado.

37-O homem pobre, a dobrado custo come.

38-O testamento do pobre na unha se escreve.

39-Pobreza não é vileza.

40-Pobrete, e alegrete.

41-Quem diz que pobreza não é vileza não tem siso
na cabeça.

42-Quem está caído mal dará a mão ao vizinho.

43-Quem filhos tem ao lado não morre de enfastiado.

44-Quem não tem, mais duro é que as pedras.

45-Quem não tem mais de uma camisa, cada sábado
tem mau dia.

46-Quem não tem casa na vila, em cada bairro é
vizinha.

47-Quem pouco tem, e isso dá, cedo se arrependerá.

48-Quem pede emprestado, uma vez se faz ruivo e descorado.

49-Quem pequena herdade tem, aos passos a mede.

50-Quem te ensinou a remendar? Filhos pequenos pouco pão para lhe dar.

Preguiça

1- Abala, pastor, com as espaldas ao Sol.

2- Ajuntarão-se seis, para peso de três.

3- A raposa dormida não lhe cai nada na boca.

4- Barriga quente, pé dormente.

5- Com bom Sol se estende o caracol.

6- De ruim gosto nunca bom feito.

7- Desamassai, mulheres, que caiu o forno.

8- Levantou-se o preguiçoso a varrer a casa, e pôs-lhe o fogo.

9- Mais vale bom folgar que mau trabalhar.

10-O moço preguiçoso, por não dar uma passada dá outra.

11-O preguiçoso sempre é pobre.

12-Preguiça nunca fez bom feito.

13-Perdi a roca, e o fuso não acho, três dias há que lhes ando no rasto.

14-Preguiça, chave de pobreza.

15-Preguiça não lava a cabeça, e se a lava não a penteia.

16-Quem dorme, dorme-lhe a fazenda.

17-Quem muito dorme pouco aprende.

18-Quem não quer fazer a coisa, escusa busca.

19-Quem se levanta tarde não ouve missa nem toma carne.

20-Quem ao moinho vai, e não madruga, os outros moem ele se espulga.

Privação

1- Com favor não te conhecerás, sem ele não te conhecerão.

2- Como me tangerem, assim bailarei.

3- Mais vale às vezes favor, que justiça nem razão.

4- Não há rei sem privado, nem privado sem ídolo.

5- Não há grande peso sem contrapeso, nem grande subida sem grande descida.

6- Ou é doido, ou privado, quem chama apressurado.

Providência

1- A arma com que te defendes, a teu inimigo a não emprestes.

2- A arma, e o alguidar, não se hão-de emprestar.

3- A calças curtas, atacas longas.

4- A como vale o quintal, que quero onça e meia.

5- Caminho de Roma, nem mula manca nem bolsa vazia.

6- Deita outra sardinha que outro ruim vem da vinha.

7- Mais vale que sobeje, que não falte.

8- Mudasse o tempo, mudado o pensamento.

9- Mudado o tempo, mudado o conselho.

10-Tal virá, que tal queira.

Prudência

1- A apressada pergunta, vagarosa resposta.

2- A bom pedidor, bom tenedor[57].

3- A bom entendedor, poucas palavras.

4- A bom dizidor, bom ouvidor.

____

57 Possivelmente "tenedor" significa "possuidor". A expressão possivelmente remete-nos para a necessidade de que pede ter de o fazer a quem o tem.

5- A carne de lobo, dente de cão.

6- Acenai ao discreto, dai-o por feito.

7- A cartas, cartas, e a palavras, palavras.

8- A cana fosse quebrada, e não soada.

9- A contas velhas, baralhas novas.

10-A casa de tua tia não irás cada dia.

11-A cada parvo agrada sua pousada.

12-A chave na cinta faz a mim boa e a minha vizinha.

13-A experiência é mãe da ciência.

14-A essa outra porta, que esta não se abre.

15-A força de vilão, ferro em meio.

16-Água colhe em joeira, quem se crê de ligeira.

17-Água mole em pedra dura, tanto dá até que fura.

18-A grandes cautelas, cautelas maiores.

19-Ainda que sejas prudente e velho, não desprezes
   conselho.

20-Ainda que a malícia escurece a verdade, não a
   pode apagar.

21-Ainda que teu sabujo é manso, não o mordas no
   beiço.

22-Alegria secreta, candeia morta.

23-Alto para vão, baixo para barco.

24-A má chaga sara, e a má fama mata.

25-A má sorte invidar forte.

26-A mor pressa, maior vagar.

27-A muita conversação é causa de menos preço.

28-A novo negócio, novo conselho.

29-A novas necessidades, novos conselhos.

30-Antes que conheças, nem louves nem ofendas.

31-Ao inimigo que te vira a espalda, põe-te de parte.

32-Ao doido e ao touro, dá-lhe curro.

33-Ao gato por ladrão não lhe dês de mão.

34-Ao cão e ao palreiro, deixa-os no sendeiro.

35-Ao cuco não cuques, nem ao ladrão furtes.

36-Ao cego, muda-lhe o fito.

37-Ao outro cão com esse osso.

38-Ao perigo com tento, e ao remédio com tempo.

39-Ao mau vento volve-lhe o capelo.

40-Ao peixe fresco gasta-o cedo, e havendo a tua
   filha crescido, dá-lhe marido.

41-Ao mau costume quebrar-lhe a perna.

42-Ao mau caminho dar-lhe pressa.

43-A palavras loucas, orelhas moucas.

44-A pedra, e a palavra, não se recolhe depois de
   deitada.

45-Ao pé do feto não busques a tâmara.

46-A perro velho não digas "bus bus"[58].

____

58 Esta expressão termina com uma onomatopeia

47-A pintura, e a peleja, de longe se veja.

48-Aproveita-te do velho, valerá teu voto em
conselho.

49-A pressa mete lebre a caminho.

50-Aprende alta, e baixa, e como te tangerem assim
dança.

51-A quem não tem fazenda, não lhe peças peita.

52-A quem mordeu a cobra, guarde-se dela.

53-A quem cose e amassa não furtes fogaça.

54-A quem não traz calças em Janeiro, não
emprestes teu dinheiro.

55-A quem descobriste a cilada, desse te guarda.

56-A quem disseste teu segredo, faze-lo senhor de ti.

57-A quem má fama tem, nem acompanhes nem
digas bem.

58-A quem tem cabeça não lhe falta carapuça.

59-A quem te gabar a vila, gaba-lhe a cidade.

60-A quem dizes tua puridade, dás tua liberdade.

61-A quinta roda ao carro não faz senão embaraçar.

62-A resposta branda a ira quebranta.

---

cujo significado não é totalmente claro. Poderá
querer dizer que não se deve fazer um dado
barulho, potencialmente um rosnar ou algum
outro, aos cães.

63-Até a formiga quer companhia.

64-A zombaria deixa-la, quando mais agrada.

65-Bebes vinho, não bebas o siso.

66-Bem venhas mal, se vieres só.

67-Bem perdido é conhecido.

68-Boas palavras e maus feitos enganam sisudos e néscios.

69-Boca que diz sim, diz não.

70-Boca fechada, tira-me da baralha.

71-Bom saber é calar, até ser tempo de falar.

72-Bola de quatro cantos não chega aos paus.

73-Cada cabelo faz sua sombra na terra.

74-Cada mosca faz sua sombra.

75-Cada terra com seu costume.

76-Cada um chega, abrasa a sua sardinha.

77-Calar, cobrar, pela terra e pelo mar.

78-Cerra a boca e cose o siso.

79-Corri Ceca[59], e Meca, olivais de Santarém.

80-Chega-te aos bons, serás um deles.

81-Chora à boca fechada, e não desconta a quem lhe não dá nada.

82-Com má gente é remédio muita terra em Maio.

____

59 Ou Seca, uma designação popular da mesquita de Córdova.

83-Com uma cautela, outra se quebra.

84-Come com ele, e guarda-te dele.

85-Conselho sem remédio é corpo sem alma.

86-Com tais me acho, tal me faço.

87-Conselho de quem bem te quer, ainda que te
pareça mal escreve-o.

88-Cortesia de boca, muito vale e pouco custa.

89-Cuida bem no que fazes, não te fies em rapazes.

90-Da honra, quem a tem.

91-Da água mansa te guarda, que da rija ela te
apartará.

92-Da má companhia guarda-te, de ser autor nem
parte.

93-De ave de bico encurvado, guarda-te dela como
do Diabo.

94-De rulm homem, e dissimulado, guarda-te dele
como do Diabo.

95-De grande rio, grande peixe.

96-De um homem néscio às vezes bom conselho.

97-Devagar vão ao longe.

98-Distingue o tempo e concordarás o direito.

99-Devagar pensa, e obra depressa.

100- Diz ao doido, mas não ao surdo.

101- Do irado um pouco te desvia, e do praguento

toda tua vida.

102-   Do irado foge um pouco, e do inimigo de todo.

103-   De onde perdeste a capa daí te guarda.

104-   Do ouro, e do ferro, tudo é um peso.

105-   Do que faço, disso me guardo.

106-   Dos ruídos guarda-te, não serás testemunha
nem parte.

107-   Do soldado que não tem capa, guarda a tua na
arca.

108-   Do velho, conselho.

109-   Do traidor farás leal com bom falar.

110-   Em boca fechada não entra mosca.

111-   Em casa da parida, ou doente, o lugar não se
aquente.

112-   Em casa do Mouro não fales algaravia.

113-   Em coisa suja nunca bulas.

114-   Em conselho, as paredes ouvem.

115-   No que podes só, não esperes a outro.

116-   Enganaste-me uma vez, nunca mais me
enganareis.

117-   Enojar-te de outro é ferir-se no rosto.

118-   Em rio quedo não metas teu dedo.

119-   Em rio grande passar derradeiro.

120-   Estende primeiro e fala derradeiro.

121- Fala pouco, e bem, ter-te-ão por alguém.

122- Fechar as portas, que soltam os touros.

123- Folguemos enquanto podemos, outra hora
      choraremos.

124- Guarda-te do alvoroço do povo, e de travar
      com doido.

125- Guarda-te de cão preso e de moço galego.

126- Guarda-te de cão que não fala, e de cão que
      não ladra.

127- Guarda-te de moço grunhidor e de gato
      miador.

128- É bem-aventurado quem nos perigos alheios
      se faz precatado.

129- Uma vez engana ao prudente, e duas ao
      inocente.

130- Uma coisa se deseja, e outra é bem que seja.

131- Um olho no prato, outro no gato.

132- Ide pelo meio e não caíreis.

133- Leve é a dor que o siso encobre.

134- Mais sabes do que te eu ensinei.

135- Mais vale um dia do discreto que cento do
      néscio.

136- Mais vale saber que haver.

137- Mais vale perder, que mais perder.

138-   Mais vale calar que mal falar.

139-   Melhor é errar com muitos que acertar com
poucos.

140-   Melhor é prevenir que ser prevenido.

141-   Muito vale, e pouco custa, a mau falar boa
resposta.

142-   Montes vem, paredes ouvem.

143-   Não haveria mal palavra se não fosse mal
tomada.

144-   Não há tão mau tempo que o tempo não alivie
seu tormento.

145-   Não há palavra má se a puserem em seu lugar.

146-   Não dês peras em Janeiro.

147-   Não bebas coisa que não vejas, nem assines
carta que não leias.

148-   Não bulas baralhas velhas, nem metas mão
entre duas pedras.

149-   Não dês coice contra o aguilhão.

150-   Não louves até que proves.

151-   Não percas o siso pelo doido de teu vizinho.

152-   Não sou rio, para não tornar atrás.

153-   Não saias ao luar, que não sabes quem te quer
bem nem mal.

154-   Não te hás-de fiar, senão com quem comeres

um moio de sal.

155-   Não tem homem siso mais, que quanto querem os meninos.

156-   Não te metas em casa alheia, bate de fora e espera.

157-   Não te exaltes por riqueza, nem te abaixes por pobreza.

158-   Néscio é quem cuida que outro não cuida.

159-   Nem com homem zombador brigues, nem com teu maior.

160-   Nem diga desta água não beberei, nem deste pão não comerei.

161-   Nem tanto ao mar, nem tanto à terra.

162-   No açougue, quem mal fala mal ouve.

163-   O bom coração sofre, e o bom siso ouve.

164-   O bom ganhar faz bom gastar.

165-   O caldo em quente, a injúria em frio.

166-   O dia de amanhã ninguém o viu.

167-   Onde há bom saber, poucas vezes há repreender.

168-   O parvo se há calado, por sábio é reputado.

169-   O pouco falar é ouro, o muito é lodo.

170-   O que as coisas muito apura, põe-nas em muita ventura.

171- O que não duvida, não sabe coisa alguma.

172- O que houveres de negar, não o dês por escrito.

173- O que te disser o espelho, não te o dirão em conselho.

174- O tesudo, e o doido, se descobre no jogo.

175- O tempo dá remédio onde falta o conselho.

176- O velho muda o conselho.

177- Palavra, e pedrada solta, não volta.

178- Põe e cabeça entre mil, o que for dos outros será de ti.

179- Pelo fio tirarás o novelo, e pelo passado o que está por vir.

180- Põe o teu dinheiro em conselho, um dirá é branco, outro é vermelho.

181- Por novas não penareis, far-se-ão velhas, sabê-las-eis.

182- Prata é o bom falar, ouro é bom calar.

183- Prudência é não querer o que não se pode haver.

184- Qual pergunta farás, tal resposta terás.

185- Qual o tempo, tal o tento.

186- Quando fores ao conselho, fala do teu, deixa o alheio.

187-   Quando fores a casa alheia chama de fora.

188-   Quando fores de caminho não digas mal de
teu inimigo.

189-   Quando fores bigorna sofre, e quando malho
malha.

190-   Quando o sandeu se perdeu, o sisudo aviso
colheu.

191-   Quem a todos crê, erra, e quem a nenhum,
não acerta.

192-   Quem as coisas muito apura não vive vida
segura.

193-   Quem adiante não olha, ao perto se fere.

194-   Quem bem ata, bem desata.

195-   Quem bem ouve, bem responde.

196-   Quem com muitos tem que fazer, muito siso
há mister.

197-   Quem erra e se emenda, a Deus se
encomenda.

198-   Que mais vive, mais vê.

199-   Quem não sabe sofrer, não sabe reger.

200-   Quem pássaro há de tomar, não o há de
enxotar.

201-   Quem pergunta saber quer.

202-   Quem pergunta não erra, se a pergunta não é

néscia.

203-   Quem mais vive, mais sabe.

204-   Quem seu segredo guarda, muito mal escusa.

205-   Quem sofreu, venceu.

206-   Quem tem telhado de vidro não tire pedras ao do vizinho.

207-   Quem tudo quer vingar, cedo quer acabar.

208-   Queres ver o por vir, olha o passado.

209-   Se queres ser bom juiz ouve o que cada um diz.

210-   Se queres bom conselho, pede-o ao velho.

211-   Se eu fora adivinha, não fora mesquinha.

212-   Tão duro é ao doido calar como ao sisudo falar.

213-   Tempo tem a choca, e tempo quem a joga.

214-   Toda a coisa tem lugar a quem abençoar.

215-   Vem teu inimigo humilhado, guarda-te dele como do Diabo.

216-   Vós às duras, eu às maduras.

217-   Vê um dia do discreto, e não toda a vida do néscio.

218-   Vê o mar e sé na terra.

219-   Zombai com o doido em casa, zombarão convosco na praça.

220-   Zombaria de siso mete os homens em perigo.

Rei

1- A lei de reinar é como a de amar.

2- Ante el-rei cala, ou coisas aceites fala.

3- Ao rei pertence usar de franqueza, pois tem por certo não cair em pobreza.

4- As guardas do reino são amor e medo.

5- A teu rei nunca ofendas, nem lances em suas rendas.

6- A voz de el-rei, não há coisa forte.

7- El-rei por senhor, e não por devedor.

8- Em pessoa de ceptro não há vício secreto.

9- Esse é rei, que não conhece lei.

10- El-rei vai onde pode, e não onde quer.

11- Lá vão leis, onde querem reis.

12- Mandar não quer par.

13- Mau rei, bom rei, a toda a lei viva el-rei.

14- Melhor é migalha de rei que mercê de senhor.

15- Não há rainha sem sua vizinha.

16- Não digas mal de el-rei, nem entre dentes, porque em toda a parte tem parentes.

17- Não sabe governar quem todos quer contentar.

18- Não tem seguro seu estado rei desarmado.

184

19-Nem ante rei armado, nem ante povo alvoraçado.

20-Novo rei, nova lei.

21-O braço do rei, e a lança, longe alcança.

22-O rei das abelhas não tem aguilhão.

23-Palavra de rei é escritura.

24-Paga-se o rei da traição, mas do traidor não.

25-Qual o rei, tal a lei; qual a lei, tal a grei.

26-Quem a vaca de el-rei come magra, gorda a paga.

27-Que nobreza de rei, que sem nos conhecer nos
   saúda.

28-Quereis que vos sirva, bom rei, dai-me de que
   viva.

29-Rei moço, reino perigoso.

30-Rei morto, rei posto.

31-Rei por natura, papa por ventura.

32-Reino sem porto, chaminé sem fogo.

33-Rei se nomeie que não teme.

34-Rogo de grandes, mandamento é.

35-Rogos de rei mandados são.

36-Rou, rou, faça-se o que el-rei mandou.

37-Serve a el-rei, ou a ninguém.

38-Tudo é vento, se não a rei, ou prior em convento.

Riqueza

1- Abelha, e ovelha, e a pena detrás da orelha, e parte na igreja, desejava para seu filho a velha.

2- A cada qual dá Deus o frio conforme o vestido.

3- Agora que tenho ovelha e borrego, todos me dizem venhais embora Pedro.

4- À míngua de pão, boas são tortas.

5- Ao homem farto as cerejas lhe amargam.

6- A rico não devas, e a pobre não prometas.

7- A torto, e a direito, nossa casa até ao tecto.

8- Barba com dinheiro, honra ao cavaleiro.

9- Bem parece o dinheiro, entre mim e meu companheiro.

10-Besta de amigo, rija de armar e frouxa de tiro.

11-Boa fazenda é negros, se não custassem dinheiro.

12-Boa é a fazenda quando não sobe à cabeça.

13-Boa é a cozinha onde há carne.

14-Bons costumes, e muito dinheiro, farão a teu filho cavaleiro.

15-Canta a rã, e não tem cabelo nem lã.

16-Cheire-me a bolsa, seca-me a boca.

17-Com latim, rocim, e florim, andarás mandarim.

18-Dádivas quebrantam penhas.

19-De boa casa, boa brasa.

20-De rico a soberbo não há palmo inteiro.

21-Dinheiro tinha o menino quando moía o moinho.

22-Dinheiro de onzena com seu dono come à mesa.

23-Diga minha vizinha, e tenha meu saco farinha.

24-Dinheiro é a medida de todas as coisas.

25-Do dinheiro, e da verdade, a metade da metade.

26-Do rico é dar remédio, e do velho conselho.

27-Está farta e cheia, como colmeia.

28-Fazenda herdada é menos estimada.

29-Fazenda esfarrapada vale pouco ou nada.

30-Faz por ter, vir-te-ão ver.

31-Fazenda alheia não faz herdeiro.

32-Fazenda em duas aldeias, pão em duas taleigas.

33-Fazenda de sobrinho, queime-a o fogo ou leve-a o
   rio.

34-Igreja, ou mal, ou casa real.

35-Mais tem o rico quando empobrece do que o
   pobre quando enriquece.

36-Mais vale migalha que pêlo de barba.

37-Melhor é muitos, que poucos muitos.

38-Não haja dó de quem tem muita roupa e faz má
   cama.

39-Não te aconselhes de tua riqueza com quem está
   em pobreza.

40-Não tem nada quem nada lhe basta.

41-Não te ponhas a soalhar com quem tem forno e
   pé de altar.

42-Ninho de guincho.

43-O farto do jejum não tem cuidado algum.

44-O mar se parte, se em regatos se reparte.

45-O que outrem sua pouco dura.

46-Quando o vilão está rico não tem parente nem
   amigo.

47-Quem dinhêiro tiver fará o que quiser.

48-Quem dinheiro quer cobrar muitas voltas há-de
   dar.

49-Quem muito mel ou azeite tem, nas verlas o
   deita.

50-Sobre dinheiro não há companheiro.

51-Se queres ser rico, calça de vaca e veste de fino.

52-Tanto vale cada um na praça quanto vale no que
   tem na caixa.

53-Tem fazenda, e olha bem de onde venha.

54-Vai-se o bem para o bem, e o mal para quem o
   tem.

Segredo e Silêncio

188

1- Ao bom calar chamam santo.

2- Falem cartas, calem barbas.

3- Na boca do discreto o público é secreto.

4- Não há segredo que tarde, ou cedo, não seja descoberto.

5- Não há coisa encoberta, senão os olhos da toupeira.

6- O palreiro agudo faz do seu amigo mudo.

7- Quem cala, vence.

8- Quem cala, consente.

9- Segredos queres saber, busca-os no pesar e no prazer.

10-Teu amigo é tredo[60], se te encobre teu segredo.

Trabalhos

1- Um trabalho é véspera de outro.

2- Leve é a dor que o siso encobre.

3- Não pude passar o mar sem da fortuna me queixar.

4- Onde irá o boi que não are?

5- O pequeno mal espanta, e o grande amansa.

6- O que é duro de passar é doce de relembrar.

---

60 Ou "traiçoeiro".

7- Quando durmo canso, que fará quando ando?

8- Quem come as duras, coma as maduras.

9- Quem mal cai, mal jaz.

10-Quem não sabe de mal, não sabe de bem.

11-Quem não tiver que fazer, arme navio ou tome
    mulher.

12-Quem quiser vencer aprenda a sofrer.

13-Saio do lodo, caio no arroio.

14-Tristeza sobre alegria, dobrada fadiga.

Uso

1- De pequenino se torce o pepino.

2- Diz-me com quem andas, dir-te-ei que manhas
    há.

3- Duro é de deixar, o usado.

4- Em cada terra seu uso.

5- Gota a gota o mar se esgota.

6- Um só acto não faz hábito.

7- Mudar costume, parelha da morte.

8- Não com quem nasces, senão com quem pasces.

9- O que se aprende no berço sempre dura.

10-O que no leite se mama, na mortalha se derrama.

11-O vício da natureza até à sepultura chega.

190

12-Quem as bragas não há em douto, as costuras lhe
    fazem nojo.
13-Quem deu dará, e quem pediu pedirá.
14-Quem mal anda, mal acaba.
15-Vestir a uso, e comer a gosto.
16-Vezo mau tarde é deixado.

Vaidade

1- Glória vã floresce, e não grandece.
2- Grande aparato e pequeno recado.
3- Grande carga leva a carreta, maior a leva o dono
   dela.

Valentia e Força

1- A espada e o anel, segundo a mão onde estiver.
2- Ao derradeiro morde o cão.
3- A pedra é dura, e a gota de água miúda, mas
   caindo de contínuo faz cavadura.
4- A quem medo há, o seu lhe dão.
5- Cada formiga tem sua ira.
6- Cão que lobos mata, lobos o matam.
7- Capuz de malha, esse é o que me arma.

8- Cão que muito ladra pouco morde.

9- Carregado de ferro, carregado de medo.

10-Chama por mim, e defende-te por ti.

11-Contra pião feito dama não pára peça no
  tabuleiro.

12-Coração determinado não sofre conselho.

13-De grande coração é sofrer, de grande senhor é
  ouvir.

14-Eles a nós as pedradas, nós a eles às ferroadas.

15-Eles mataram de nós quatro, e nós furtámos-lhes
  um saco.

16-Eles por se vingar, passaram mal.

17-Encomendar a Deus, botar a nadar.

18-Em povo seguro não há mister muro.

19-Eu poderei pouco, ou dirão que não sou louco.

20-Língua longa é final de mão curta.

21-Mais são os ameaços que os cuidados.

22-Meu filho esforçado, não o cerquem quatro.

23-Não ferir, não matar, não é covardia senão bom
  natural.

24-Quem não tem esforço foge mais que corço.

Ventura

192

1- Abaixam-se os muros, levantam-se os monturos.

2- A boa ventura de uns ajuda aos outros.

3- A boa ventura com outra dura.

4- Abaixam-se as cadeiras, levantam-se as tripeças[61].

5- A cabo de cem anos os reis são vilões, e a cabo de cento e dez os vilões são reis.

6- Achou o cego um dinheiro.

7- Achou Pedro o seu cajado.

8- Acolhi o rato no meu buraco.

9- A hora má não ladram cães.

10-Algum dia será festa da nossa terra.

11-Alguma hora minha pereira terá peras.

12-A mau bácoro, boa lande.

13-A muito entendimento fortuna pouca.

14-Andar ventura até à sepultura.

15-A roda da fortuna nunca é uma.

16-Assim fedemos, que fará se peixe vendermos.

17-A tal porta, tal talho.

18-Avezou-se[62] a velha ao mel, e comer se quer.

19-Bailo bem, deitais-me do corro.

20-Bem baila a quem a fortuna faz o som.

---

61 Ou bancos, mas com três pernas.

62 Ou "habituou-se".

21-Bem joga o da pela, mas perde a ela.

22-Cerejas e más fadas, cuidais tomar poucas e vem-
se dobradas.

23-Com bem venhas mal, se vieres só.

24-Dá-me ventura, deita-me na rua.

25-De grande subida, grande caída.

26-De leal e bom servidor virás a ser senhor.

27-Desde que vestidos nos vemos, não nos
conhecemos.

28-Dita alcança, que não braço longo.

29-De fora virá quem de casa nos deitará.

30-De outro tiple está esta gaita.

31-Em bons dias, boas horas.

32-Entre duas verdes, uma madura.

33-Entrar lambendo e sair mordendo.

34-Escapei do trovão, e dei no relâmpago.

35-Faz rasto sem pôr pegada.

36-Guardou-se da mosca, comeu-o a aranha.

37-Ontem vaqueiro, hoje cavaleiro.

38-Um canivete mesmo me corta o pão e o dedo.

39-Há aí mal que vem por bem.

40-Ir por lã e vir tosquiado.

41-Mais corre ventura que cavalo ou mula.

42-Más fadas, carpi-las depressa.

43-Não há dia sem tarde.

44-Não há mal sem bem, cata para quem.

45-Onde ventura falta, diligência é escusada.

46-Por fugir do fogo caiu nas brasas.

47-Pressa venturosa, vagar desastrado.

48-Quando a má ventura dorme, ninguém a
   desperte.

49-Quanto maior é a ventura, tanto menos é segura.

50-Quem está em ventura, a formiga o ajuda.

51-Quem se não aventurou, nem perdeu nem
   ganhou.

52-Quem se bem estreia, bem lhe venha.

53-Quem viver, verá a volta que o povo dá.

54-Sou bainha de ouro e faca de chumbo.

55-Vem ventura, e dura.

56-Vem a ventura a quem a procura.

57-Vento e ventura, pouco dura.

58-Ventura te dê Deus, filho, que saber pouco te
   basta.

Verdade

1- A verdade não tem pés e anda.

2- A verdade e o azeite andam à décima.

3- A verdade anda na herdade.

4- A verdade, ainda que amarga, se traga.

5- Curtas tem as pernas a mentira, e alcança-se
asinha.

6- Dizer mentira por tirar verdade.

7- Dormirei, boas novas acharei.

8- Mal me querem minhas comadres, porque lhes
digo as verdades.

9- Mão lavada sujidade tira.

10-Não há pior zombaria que a verdade.

Adágios dos Meses

Janeiro

1- Da flor de Janeiro ninguém enche o celeiro.

2- Dia de São Vicente, toda a água é quente.

3- Em Janeiro põem-te no outeiro, e se vires
verdejar põe-te a chorar, e se vires terrear põe-te
a cantar.

4- Em Janeiro sua a ovelha suas madeixas no
fumeiro, e em Março no prado, e em Abril vai
ordir.

5- Em Janeiro, sete capelos e um sombreiro.

6- Em Janeiro, um porco ao Sol e outro ao fumeiro.

7- Em Janeiro mete obreiro, mês meante que não dante.

8- Janeiro geoso, Fevereiro nevoso, Março molinhoso, Abril chuvoso, Maio pardoso, fazem o ano formoso.

9- Janeiro molhado, se não é bom para o pão não é mau para o gado.

10-Janeiro poucos em sendeiro, um dia e não cada dia.

11-Luar de Janeiro não tem parceiro, mas lá vem o de Agosto, que lhe dá de rosto.

12-Minguante de Janeiro, corta madeiro.

13-O mês de Janeiro como bom cavaleiro, assim acaba como a entrada.

14-O obreiro, em Janeiro pão te comerá mas obra te fará.

15-Primeiro dia de Janeiro, primeiro dia de Verão.

16-Qualquer ramo em Janeiro torcido está quedo.

17-Quem azeite colhe antes de Janeiro, azeite deixa no madeiro.

18-Se queres ser bom alheiro planta os alhos em Janeiro.

19-Sol de Janeiro sempre anda detrás do outeiro.

20-Vai-te embora Janeiro, deixar-me-ás Abril e Maio.

Fevereiro

1- A castanha e o besugo em Fevereiro não tem sumo.

2- Água de Fevereiro mata o onzeneiro.

3- Dia de São Matias começam as enxterias.

4- Fevereiro coxo, em seus dias vinte e oito.

5- Fevereiro, fêveras de frio e não de linho.

6- Fevereiro faz dia e logo Santa Maria.

7- Fevereiro recouveiro faz a perdiz poleiro. Março três ou quatro.

8- Lá vem Fevereiro, que leva a ovelha e o carneiro.

9- Para parte de Fevereiro guarda lenha.

10- Quando não chove em Fevereiro, não há bom prado nem bom celeiro.

Março

1- Água de Março pior é que nódoa no pano.

2- Em Março, queima a velha o maço.

3- Em Março, nem rabo de gato molhado.

4- Março marçagão, pela manhã rosto de cão, à tarde Verão.

5- Março ventoso, Abril chuvoso, do bom colmeal farão astroso.

6- Quando troveja em Março aparelha os cubos e o braço.

7- Quem não poda em Março, vindima no regaço.

8- Se não chover entre Março e Abril, venderá el-rei o carro e o carril.

9- Sol de Março, pega como pegamaço e fere como maço.

10-Se queres bom cabaço, semeia-o em Março.

Abril

1- Abril águas mil coadas por um mandil, e em Maio três ou quatro.

2- Abril frio, pão e vinho.

3- Abril frio e molhado, enche o celeiro e farta o gado.

4- Abril e Maio, chove de todo o ano.

5- A ti chova todo o ano, e a mim chova Abril e Maio.

6- Altas, ou baixas, em Abril vêm as Páscoas.

7- Do grão te sei contar, que em Abril não há-de estar nascido nem por semear.

8- Em Abril queijos mil, e em Maio três ou quatro.

9- Em Abril vai onde hás-de ir, e torna a teu covil.

10-Fica-te embora mundo, deixar-me-ás Abril e Maio.

11-Frio de Abril, nas pedras vá ferir.

12- No princípio ou no fim, Abril soe ser ruim.

13- Por Abril dorme o moço ruim, e por Maio o moço e o amo.

14- Por todo Abril, mau é descobrir.

15- Sono de Abril, deixa-o a teu filho dormir.

Maio

1- A geira de Maio vale os bois, e o carro, e de Julho vale os bois e o jugo.

2- A quem em Maio come sardinha, em Agosto lhe pica a espinha.

3- Câmaras de Maio, saúde de todo o ano.

4- Dia de Maio, dia de má ventura, que ainda bem não amanhece, já anoitece.

5- Em Maio, vai e torna com recado.

6- Enxame de Maio, quem te o pedir dá-lho, e o de Abril guarda-o para ti.

7- Em Maio, a quem não tem basta-lhe o saio.

8- Guarda pão para Maio, e lenha para Abril.

9- Uma água de Maio, e três de Abril, valem por mil.

10- Maio coveiro, não é vinhateiro.

11- Maio come o trigo, e Agosto bebe o vinho.

12- Maio hortelão, muita palha e pouco pão.

13- Maio pardo, Junho claro.

14- Maio pardo faz o pão grado.

15- Pão tremez, não o comas nem o dês, mas guarda-
o para Maio.

16- Primeiro de Maio corre o lobo e o veado.

17- Quanto Maio acha nado, tudo deixa espigado.

18- Quem em Maio relva, não tem pão nem erva.

19- Quem em Maio não merenda, aos mortos se
encomenda.

20- Touro, galo e barbo, tudo tem sezão em Maio.

Junho

1- Água de São João, tira o vinho e não dá pão.

2- Até ao São João há o vinho medo.

3- Dia de São Pedro, tapa o rego.

4- Dia de São Pedro vê teu olivedo, e se vires um
grão espera por cento.

5- Dia de São Barnabé seca-se a palha pelo pé.

6- Em Junho, foice em punho.

7- Feno alto, ou baixo, em Junho é cegado.

8- Junho, Julho e Agosto, senhora não sou vosso.

Julho

1- Dia de Santiago, vai à vinha acharás bago.

2- Julho, o verde e o maduro.

3- Por Santa Marinha vai ver tua vinha, e tal a achares, tal a vindima.

Agosto

1- Água de Agosto, açafrão, mel e mosto.

2- Agosto de vindima, não é cada dia.

3- Agosto madura, Setembro vindima.

4- Agosto tem a culpa, Setembro leva a fruta.

5- Agosto, frio em rosto.

6- A quem não tem pão semeado, de Agosto se faz Maio.

7- Em Agosto, sardinha e mosto.

8- Em Agosto há bulha o preguiçoso.

9- Por Santa Maria de Agosto repasta a vaca um pouco.

10- Quando chover em Agosto, não metas o teu dinheiro em mosto.

11- Quem não debulha em Agosto, debulha com mau rosto.

12- Nem em Agosto caminhar, nem em Dezembro marear.

Setembro

1- Dia de São Mateus, vindimam os sisudos e

semeiam os sandeus.

2- São Miguel das uvas, tarde vens e pouco duras, se duas vezes vieres ao ano, não estivera com amo.

Outubro

1- Outubro, Novembro e Dezembro, não busques o pão no mar, mas torna a teu celeiro e abre teu mealheiro.

2- Por São Francisco semeia teu trigo, e a velha que o dizia semeado o tinha.

3- Por São Lucas sabem as uvas.

4- Por Santa Ireia, toma os bois e semeia.

5- Por São Simão, e Judas, colhidas são as uvas.

Novembro

1- Dia de São Martinho prova teu vinho.

2- De dia de Santa Catarina ao Natal mês igual.

3- Dia de Santo André, quem não tem porco mata a mulher.

4- Por Todos os Santos a neve nos campos.

5- Por São Martinho, nem favas nem vinho.

6- Por São Clemente, alça a mão da semente.

Dezembro

1- Do Natal a Santa Luzia cresce um palmo o dia.

2- Dia de Santa Luzia mingua a noite e cresce o dia.

3- Por Natal ao jogo, e por Páscoa ao fogo.

Ano

1- Ano de neves muito pão, e muitas crescentes.

2- Ano de neves, ano de bens.

3- Ano de bêberas, nem de peras, nunca o vejas.

4- Ano de ovelhas, ano de abelhas.

5- Ano caro, padeira em todo o cabo.

Provérbios organizados alfabeticamente (de 1655)

A

1- Água o dá e água o leva.

2- A água tudo lava.

3- A alva neve pisam-na os cavalos, a pimenta negra comem-na os fidalgos.

4- A apressada pergunta, vagarosa resposta.

5- Abater as cristas.

6- Abaixam-se os muros, levantam-se os monturos.

7- A boa guerra faz a boa paz.

8- A boa vontade supre a obra.

9- A boca não quer fiador.

10-A boi velho não busques abrigo.

11-A bom mato vindes fazer a lenha.

12-A bom pedidor bom tenedor.

13-A bom santo o encomendaste.

14-A bons entendedores poucas palavras.

15-Aborrece-me como cão morto.

16-Abri-lhe a cova.

17-Acabado e concluído.

18-Acabar a tarefa.

19-Acabou-se a festa, tomai o panete[63].

20-A cada porco vem seu São Martinho[64].

21-A carne de lobo dente de perro[65].

22-A cavalo novo cavaleiro velho.

23-A cera sobeja queima a Igreja.

24-Achaque al Viernes por no ayunar[66].

25-Achou a velha um ceitil.

26-Achar forma de seu pé.

27-A cobiça rompe o saco.

---

63 Possivelmente um pequeno pão, mas o sentido de toda a expressão não é fácil de descortinar. Talvez se refira ao facto de algumas festas serem seguidas por um manjar.

64 Esta expressão refere-se a uma tradição, que ainda existe no norte de Portugal, de matar um porco por altura do São Martinho.

65 "Perro" é um cão. Algumas expressões estão completamente em Castelhano, mas algumas delas – de que este parece ser um primeiro exemplo – têm algumas palavras nessa língua, sendo possível que se tratem de expressões muito antigas, possivelmente ainda até da Idade Média.

66 No original esta expressão também está em Castelhano.

28-Acolher-se a sagrado.

29-Acomodar-se ao tempo.

30-Acordar o cão que dorme.

31-Acordou o preguiçoso e pôs o fogo à casa.

32-Açoite, grande mezinha.

33-A custa de barba longa.

34-A Deus e à ventura botar a nadar.

35-A Deus, e vejamo-nos.

36-A escudeiro mesquinho rapaz adivinho.

37-A espada e o anel segundo a mão onde estiver.

38-A falta do amigo há-de se conhecer, mas não
     aborrecer.

39-A fartura faz bravura.

40-A ferrugem gasta o ferro.

41-Afeição cega a razão.

42-A fiar e tecer ganha a mulher de comer.

43-A fome é boa mostarda.

44-A galinha da vizinha é mais gorda que a minha.

45-À gana de comer[67] não há mau pão.

46-Água de trovão em parte dá, em parte não.

47-Água e pão, comida de cão.

48-Água mole em pedra dura, tanto dá até que fura.

49-Água lleva a su molino.

---

67 I.e. "Quando se tem fome (...)".

50-Agora dá pão e mel, e depois dará pão e fel.

51-Agora que tenho ovelha e borrego, todos me dizem "Venhais embora Pedro[68]".

52-A grande cão grande osso.

53-A grão[69] gastador o muito não basta, a grão poupador o pouco sobeja[70].

54-A guerra e a ceia começando se ateia.

55-A homem ruivo e a mulher barbuda, de longe os saúda.

56-A hora má não ladram cães.

57-A um traidor dois [são tornados][71] aleivosos.

---

68 Esta referência a uma personagem chamada "Pedro" é um tanto intrigante. Quem seria ele? Parece desconhecer-se agora, mas ao longo dos séculos foram muitas as expressões de obras literárias que acabaram por se tornar proverbiais, escapando do seu contexto original. Poderá ter sido isso que teve lugar com este exemplo específico.

69 Ou "grande".

70 Ou "sobra".

71 Estas palavras, como as outras que serão colocadas entre parêntesis rectos, não constavam no original mas são adicionadas para que se

58-Ainda Deus está onde estava.

59-Ainda não está na cabaça, já é vinagre.

60-Ainda não selamos [e] já cavalgamos.

61-Ainda que sejas prudente e velho, não desprezes conselho.

62-Ainda se não acabou o dia de hoje.

63-Ainda tem muitas noites que dormir fora.

64-Ajuda de perna quebrada.

65-A justiça a todos guarda, mas ninguém a quer em sua casa.

66-Alcança quem não cansa.

67-A letra com o sangue entra.

68-Alevantar as cristas.

69-Alfaiate das encruzilhadas, põem as linhas de sua casa.

70-*Al fin se canta la gloria.*

71-*Al freir lo veremos.*

72-*Algo hemos de hacer por enblanquecer.*

73-Algum dia fomos gente.

74-*Al hombre maior darle honor.*

75-A língua longa é sinal de mão curta.

76-Alma namorada de pouco é assombrada.

77-A lua onde está logo aparece.

____

consiga compreender melhor o sentido da frase.

210

78-A maior ventura é menos segura.

79-A mau pagador [se é pago?] em farelos.

80-A mãos lavadas.

81-A má pele não se muda.

82-A metade da obra tem feito quem começa bem.

83-Amigo como a cabra do cutelo.

84-Amigo de seu proveito.

85-Amigo de todos, e da verdade mais.

86-Amigos de todos e de nenhum, todo é um.

87-Amigo só de chapéu.

88-Amigos e pichéis[72] de vinho tudo acabam.

89-Amigos que desaparecem, esquecem.

90-Amigos só de beijo-vo-las[?][73] mãos.

91-A mim não, que sou perro velho.

92-À minha custa aprendi a fazer bem.

93-A moça em se enfeitar, e a velha em beber,
   gastam todo o seu haver[74].

---

72 Ou "vasilhas"

73 Com este sinal foram assinaladas as passagens de
   leitura dúbia. Se esta leitura estiver correcta, é
   possível que tenha servido para designar uma
   amizade com alguém de um nível mais elevado da
   sociedade.

74 Ou "tudo aquilo que têm".

94-A mulher andeira[75] diz de todos, e todos dizem dela.

95-A mulher e o vidro sempre estão em perigo.

96-Amor com amor se paga.

97-Amor de asno entra a coices e a bocados.

98-Amor de bugio, que mata os filhos, por os apertar consigo.

99-Amor de menino [é] água em cestinho.

100- Amor de mulher, e festa de cão, só atentam para a mão.

101- Amor e reino não quer parceiro.

102- Amor e senhora não quer companhia.

103- Amor faz muito, o dinheiro tudo.

104- Amor, fumo e tosse a seu dono descobre.

105- Amor não tem lei.

106- A mor pressa é o mor vagar.

107- À morte o remédio é abrir a boca.

108- A mortos e a idos não há amigos.

109- A mouro morto grande lançada.

110- A mula velha cabeçadas novas.

111- A muita cera queima a Igreja.

112- A natureza com pouco é contente[76].

____

75 Possivelmente "irrequieta".

76 Ou "se satisfaz".

113- Anda a raposa aos grilos.

114- Anda como [um] dromedário.

115- Anda na forja, o teu negócio.

116- Anda o carro diante dos bois.

117- Anda o mundo às avessas.

118- Anda para trás, como o caranguejo.

119- Anda quebrando pedaço a pedaço.

120- Andar com furão morto à caça.

121- Andar como gato por brasas.

122- Andar como sapo por alqueive[77].

123- Andar com o tempo.

124- Andar confiado[78], como quem não teme nem deve.

125- Andar de mal em pior.

126- Andar e andar, ir morrer à beira.

127- Andar no cavalo dos frades.

128- Andar por onde anda a raposa.

129- Andas às avessas.

130- Ande eu quente e ria-se a gente.

131- Ando por onde anda a raposa.

132- Ando grave e pesado.

133- A necessidade é mestra.

---

77 Um "alqueive" é uma terra em pousio.

78 Ou seja, de forma insolente.

134-   A necessidade não tem lei.

135-   Anel de ouro em focinho de porco.

136-   *Animo vence la guerra, y no arma buena.*

137-   Antes que cases vê o que fazes, porque não é
         nó que desates.

138-   Antes que conheças, nem louves nem ofendas.

139-   Ao [que está] agradecido, mais do pedido.

140-   Ao atar das feridas.

141-   Ao avarento tanto lhe falta o que tem como o
         que não tem.

142-   Ao bom varão terras alheias sua pátria são.

143-   A obra pagada, braços quebrados.

144-   Ao doido e ao touro, dá-lhe curro.

145-   Ao frigir o veremos[79].

146-   Ao homem ousado a fortuna lhe dá a mão.

147-   Ao mau todos perseguem.

148-   Ao médico, ao advogado e ao abade, falar
         verdade.

149-   Onde força há, Direito se perde.

150-   Aonde irá o boi que não lavre, pois que sabe?[80]

------

79 Esta expressão não é fácil de descortinar, mas é
   possível que signifique algo como "ele pode ser
   encontrado pelo seu gosto de dar nas vistas".

80 Esta expressão faz recordar diversas lendas que

151-   Onde o ouro fala, tudo cala.

152-   Onde perdeste a capa, aí a cara.

153-   Onde te querem muito não vás amiúde[81].

154-   Ao pé do feto não busques tâmara.

155-   Ao perdido perder-lhe o sentido.

156-   Ao perigo com tento, e ao remédio com tempo.

157-   Ao que mal vive, o medo o persegue.

158-   Ao quinto dia verás que mês terás.

159-   A ruim, ruim e meio.

160-   Aos bobos aparece Santa Maria.

161-   Ao vilão dão-lhe o pé e toma a mão.

162-   A palavras loucas, orelhas moucas.

163-   Apegam-se-vos as mãos.

164-   A pena [de um crime] é coxa, mas chega.

165-   A perro velho não digas "bus bus".

166-   A perseverança tudo alcança.

167-   A pintura e a peleja, de longe se veja.

---

existem em Portugal, nas quais um boi desaparece de um campo e é posteriormente encontrado a venerar Nossa Senhora. Será esse o seu significado? É muito provável que não, mas desconhece-se o seu significado original.

81 Ou "frequentemente".

168- A pobreza obriga a vilezas[82].

169- À ponta da lança, ou por seu braço.

170- Apontai para o alto e acertareis o alvo.

171- A porfia[83] mata caça.

172- Apregoa vinho e vende vinagre.

173- Aprendes à sua custa.

174- Aprovar.

175- Aproveitador dos farelos, desperdiçador da
farinha.

176- Aproveitar os farelos e desperdiçar a farinha.

177- Aproveitas a outros, e a tua desperdiças.

178- A propósito freixieiro.

179- Aquela é bem casada, que não tem sogra nem
cunhada.

180- Aquele é da razão alheio que do sábio
despreza o conselho.

181- Aquele é teu amigo, que te tira do ruído.

182- Aqueles são ricos que têm amigos.

183- A quem hás-de rogar, não hás-de agravar.

184- A quem coze e amassa, não furtes a massa.

185- A quem dão não escolhe.

186- A quem Deus quer bem, o vento lhe apanha a

---

82 "Vilezas" são acções pouco correctas.

83 Ou "obstinação".

lenha.

187-   A quem dói o dente, dói a dentuça.

188-   A quem é de morte, a água lhe é forte.

189-   A quem é de vida, a água é medicina.

190-   A quem o Demo toma.

191-   A quem tem mulher formosa, castelo em fronteira e vinha na carreira, não lhe falta canseira.

192-   Aqui haveis de mostrar vossa habilidade.

193-   Aqui está a chave do jogo.

194-   Aqui está a conta dos ovos.

195-   Aqui se pagam elas.

196-   Aqui se rematam contas.

197-   Aqui se vê o filho do homem.

198-   Aqui tendes para pêras.

199-   Aqui torce a porca o rabo.

200-   A resposta branda, a ira quebranta.

201-   A rico não devas, e a pobre não prometas.

202-   A ricos sobejam-lhe amigos.

203-   Armará demandas sobre dá cá aquela palha.

204-   A ruim mato ides fazer lenha.

205-   Arrebata punhadas.

206-   Arrebento pelas ilhargas[84].

---

84 Ou seja, algo como "rebento pelos lados".

207- Arrenegai[85] de velho que não adivinha.

208- Arriscar, ou aventurar, tudo.

209- As águas descem ao mar, e todas as coisas ao seu natural.

210- As coisas levam-se por vontade, e não às pancadas.

211- A seu tempo se colhem as pêras.

212- As folosas[86] querem dar nos grous.

213- As guardas do reino são [o] amor e [o] medo.

214- Asno morto, cevada ao rabo.

215- Asno que tem fome cardos come.

216- As obras mostram quem cada um é.

217- As palavras mostram quem cada um é.

218- Às romarias e às bodas vão as loucas todas.

219- Assar e comer.

220- Assaz caro compra quem roga.

221- Assaz escasso é quem das palavras tem dó.

222- Assaz tem quem se contenta com o que tem.

223- Assim como sá[87], sai.

---

85 Ou "renegai".

86 Ou "fuinhas".

87 Esta é uma expressão um tanto ou quanto difícil de perceber, mas é possível que derive da expressão francesa *comme ci, comme ça*.

218

224-   Assim como virmos, faremos.

225-   Assim como vive o rei vivem os vassalos.

226-   Assobiou-lhe às botas.

227-   *A su casa lleva el hombre com que llora*.

228-   Até as crianças sabem isto.

229-   Até ao cabo do mundo vos seguirei.

230-   Até prometer escasso.

231-   A teu filho, pão e castigo.

232-   A teu rei nunca ofendas, nem lances em suas
   rendas.

233-   À vela e ao remo.

234-   A verdade não quer enfeites.

235-   Avisou a velha os brados.

236-   Havia de ser, foi.

237-   Avicena e Galeno trazem a minha casa o bem
   alheio.

238-   A vida infeliz com a bem-afortunada o sono
   iguala.

239-   A viúva rica com um olho chora e com outro
   repica[88].

240-   A unhas e a dentes.

241-   A vós o digo filha, entende-me, nora.

____

88 Por "repica" é possível que se queira dizer que
   torna a anunciar o facto de que já é viúva.

242- Asado é o pão para a colher.

B

1- Bago e bago enche a galinha o papo.

2- Barba a barba, honra se cata.

3- Barriga farta, pé dormente.

4- Bater a outra porta, que esta não se abre.

5- Bebe como funil.

6- Bebe como um forneiro[89].

7- Bebedice de água nunca se acaba.

8- Bebe-lo, ou verte-lo.

9- Bebeu com o leite.

10-Beijo-te bode, porque hás-de ser odre.

11-Bem-aventurado é o que se contenta com o que tem.

12-Bem baila a quem a fortuna faz o som.

13-Bem cheira a ganância donde quer que vem.

14-Bem canta Marta depois de farta[90].

____

89 Um "forneiro" é um homem que trabalha com fornos. É provável que bebessem muito, por terem a sua sede causada pelo calor.

90 Desconhece-se quem esta Marta seria, mas visto que o seu nome rica para a última palavra da

15-Bem criado e mal fadado.

16-Bem falar pouco custa e muito vale.

17-Bem fazer nunca se perde; quem mal faz, por mal espere.

18-Bem folga o lobo com o coice da ovelha.

19-Bem jejua quem mal come.

20-Bem mal ceia quem come por mão alheia.

21-Bem parece a guerra a quem está longe dela.

22-Bem parece o bem fazer.

23-Bem sabe este onde a bugia tem o rabo.

24-Bem sabe mandar quem bem soube obedecer.

25-Bem sabe o gato cujas barbas lambe.

26-Bem sabe o Demo que fra[n]galho rompe.

27-Bem sabe por onde põe os pés.

28-Bem se lambe o gato depois de farto.

29-Bem se pode criar sem mãe.

30-Bezerrinha mansa todas as vacas mama.

31-Bicos de rouxinol.

32-Boa mão de rocim[91] faz cavalo, e a ruim de cavalo faz rocim.

33-Boa nova.

____

expressão, é possível que se trate apenas de um nome feminino geral, como hoje usamos "Maria".

91 Um "rocim" é um cavalo pequeno.

34-Boa parte em mau sujeito.

35-Boas são [as] mangas depois de festa.

36-Boca de mel, coração de fel.

37-Boca de praga.

38-Boca não admite fiador.

39-Bocejais muito.

40-Bofes lavados.

41-Boi solto lambe-se todo.

42-Bole[92] com o rabo o cão, não por si senão pelo pão.

43-Bolsa vazia e casa acabada faz o homem, mas tarde.

44-Bom é o que Deus dá.

45-Bonito é o menino.

46-Bons costumes e muito dinheiro farão a meu filho cavaleiro.

47-Botar água no mar.

48-Botou-se tudo a perder.

49-Bradar em deserto.

50-Brás bem o diz e mal o faz.

51-Brevidade e novidade muito agradam.

52-Buscar água em fonte seca.

53-Buscar agulha em palheiro.

____

92 Ou "dá".

222

54-Buscar de que pegar.

C

1- Cabeça louca não há mister touca.

2- Cabra vai pela vinha; por onde vai a mãe vai a filha.

3- Cachorra apressada pare filhos cegos.

4- Cada bufarinheiro louva [os] seus alfinetes.

5- Cada coisa a seu tempo.

6- Cada cuba cheira ao vinho que tem.

7- Cada feira vale menos, como burro do Vicente[93].

8- Cada um chega a brasa à sua sardinha.

9- Cada um colhe segundo semeia.

10-Cada um como se amanhã.

11-Cada um diz da feira como lhe vai nela.

12-Cada um em sua casa é rei.

13-Cada um fala como quem é.

14-Cada um fala da feira como lhe vai nela.

15-Cada um fala do que trata.

16-Cada um faz como quem é.

---

93 É também aqui possível que a expressão se deva a alguma história de um Vicente e um burro, que agora já é desconhecida.

17-Cada um folga com o seu igual.

18-Cada um se contenta com o que Deus lhe dá.

19-Cada um sente o seu.

20-Cada um trate de si e deixe os outros.

21-Cada porco tem seu São Martinho.

22-Cada qual com seu igual. Ou cada ovelha com sua
    parelha.

23-Cada qual em seu ofício.

24-Cada qual entende em seu ofício.

25-Cada qual é senhor de sua vontade.

26-Cada qual sabe para seu proveito.

27-Cada qual sente o seu mal.

28-Cada qual tem seu pedaço de mau caminho.

29-Cada terra com seu costume.

30-Cá e lá más fadas há.

31-Cágado, para que queres botas se tens as pernas
    tortas?[94]

32-Caiu-lhe a sopa no mel.

33-Caiu-lhe o coração aos pés.

34-Caiu no eixo[?].

35-Caiu no laço que armou.

---

94 Esta é uma expressão sem dúvida muito
   intrigante, mas cujo significado original – até pela
   referência a um "cágado" – se parece ter perdido.

36-Caíste na rede que armaste.

37-Calado como toucinho em saco.

38-Calar é melhor que mal falar.

39-Cá me entendo.

40-Caminhante cansado sobe em asno se não tem
cavalo.

41-Camisa de entre ambas as nádegas.

42-Cantaste de balde.

43-Cantar em que lhe pez.

44-Cão de palheiro.

45-Cão que muito ladra nunca [é] bom para caça.

46-Cão que não ladra, guarda dele.

47-Cão que muito lambe, tira sangue.

48-Sapato roto, ou são, melhor é no pé que na mão.

49-Cardo que há-de picar logo nasce com o espinho.

50-Carne de ontem, pão de hoje e vinho de outro
Verão fazem ao homem são.

51-Carne que baste, vinho que falte e pão que sobre.

52-Carne sem ossos, proveito sem trabalho.

53-Caro se compra o que se pede.

54-Casa onde não há pão, todos pelejam e ninguém
tem razão.

55-Casa que não cria, sempre pia.

56-Casarás e amansarás.

57- Castigo de dura, uma no cravo, outra na ferradura[95].

58- Cativeiro deleitoso, como dos que andam no paço.

59- Cento de um ventre, cada um de sua mente.

60- Cesteiro que faz um cesto fará cento[96].

61- Chegou-lhe a mostarda aos narizes.

62- Choram olhos de teu amigo, e ele enterrar-te-á vivo.

63- Chorar com um olho e rir com o outro.

64- Chove nele como na rua.

65- Chupou-lhe até o sangue.

66- Claro como água.

67- Cobra boa fama e deita-te a dormir.

68- Comamos e bebamos e nunca mais valhamos.

69- Coma o mau bocado quem comeu o bom.

70- Com a pele não se mudam os costumes.

71- Com arte e engano vivo parte do ano, e com engano e arte vivo a outra parte.

____

95 A primeira parte deste provérbio não é totalmente claro, sendo possível que essa tenha sido a razão para que a expressão tenha passado a ser utilizada somente com as suas duas outras parcelas.

96 Ou "cem".

72-Com bom traje se cobra ruim linhagem.

73-Come caldo, vive em alto, anda quente, [e]
    viverás longamente.

74-Começar bem é ter feito a metade.

75-Começar por onde os outros acabam.

76-Comeu a velha os bredos[97].

77-Come o pão aos meninos.

78-Come para viver, pois não vives para comer.

79-Comer à custa de barba longa.

80-Comerá os ferros de São Francisco[98]. Comerá um
    boi pelo chocalho. Comerá seu pai assado.

81-Comerá sapos e lagartos.

82-Comer e coçar, tudo está em começar.

83-Comer, ou gastar, à custa de barba longa.

84-Comer pão com côdea.

85-Comida de fidalgos, pouca em manténs alvos.

86-Com isto me embalaram.

____

97 O sentido do provérbio não é totalmente claro,
    mas "bredos" poderão ser uma espécie de planta.

98 Tendo em mente que os Franciscanos têm um
    voto de pobreza, é possível que esta expressão –
    como as duas que se lhe seguem, no mesmo
    parágrafo – se refira a comer coisas que
    normalmente não se comem.

87-Com mal e com bem aos teus te atem.

88-Como fá, fai[99].

89-Como falamos de fora.

90-Como falam no ruim, logo aparece.

91-Como me medires assim te medirei.

92-Como te conheço, paixão.

93-Como te conheço, besugo. E ele era caranguejo.

94-Como vai sorumbático[100] e grave.

95-Companhia de amigo, que come o meu comigo e
o seu consigo.

96-Com quem te achares, com tal de afares[101].

97-Com raiva do asno torna-se a albarda.

98-Com sol pela minha porta.

99-Com teu amo não jogues às pêras.

100- Condenar.

101- Condição de cera.

102- Conhecer pela pinta.

103- Conhecer-se.

104- Conheço-o como as minhas mãos.

105- Conquistar com lanças de ouro.

____

99 Ver nota 30, possivelmente também relacionada
com esta expressão.

100 Ou "tristonho".

101 Ou "tomes", possivelmente.

228

106-   Consciência de gato de Portalegre[102].

107-   Console-se quem penas tem; que [a]trás [de] tempo, tempo vem.

108-   Conta, peso e medida.

109-   Contas na mão e o Demo no coração.

110-   Contenta-te com o teu estado, se queres viver descansado.

111-   Contra a morte não há remédio.

112-   Corre a água para o mar, e cada um para o seu natural.

113-   Correu Ceca e Meca e olivais de Santarém.

114-   Cortar de vestir por detrás.

115-   Corvos a corvos não se tiram os olhos.

116-   Coisa muito desejada não há guardá-la.

117-   Coisa nova e nunca vista.

118-   Cresces e aborreces, como filho do asno.

119-   Crê como crê e lê como lê.

120-   Criai o corvo, tirar-vos-há o olho.

---

102 O que teriam de especial os gatos da cidade de Portalegre? Já não sabemos, mas em compilações posteriores é dada um sequência extra a este mesmo provérbio, que acrescenta "que ficou com o dinheiro e tornou a pele". Seria uma história da época?

121- Criou-se entre tigres.

122- Cuja ventura castanha podre.

123- Cuida o ladrão que todos o são.

124- Cuidam os namorados, que todos têm os olhos quebrados.

125- Cuidam não é saber.

D

1- Dá Deus nozes a quem não tem dentes.

2- Dá Deus o frio conforme a roupa.

3- Dádivas quebrantam penhas.

4- Da mão para a boca se perde a sopa.

5- Dai dois pontos na boca.

6- Dar ao gato o que há-de levar o rato.

7- Dar bofetada e esconder a mão.

8- Dar um lembrete.

9- Dar no alvo.

10- Dar no seu escudo.

11- Dar sentença de baque e boque[103].

12- Dar-se por vencido.

13- Dar-vos-ei o bolo com a pá do forno.

____

103 Aqui joga-se com o som das palavras, mais do que com o seu significado.

14-Dava-lhe o vento no chapeirão[104], quer dê, quer não.

15-Dos ruídos guarda-te, não serás testemunha nem parte.

16-Debaixo de uma ruim capa jaz um bom bebedor.

17-Debaixo dos pés se levantam desastres.

18-De bem em melhor.

19-De boa árvore bom fruto.

20-De boa casa boa brasa.

21-De boa escapaste.

22-De bons propósitos está o inferno cheio, e o céu de boas obras.

23-De boi manso me guarde a mim Deus, que do bravo eu me guardarei.

24-De bom mestre, bom discípulo.

25-De bom vinho, bom vinagre.

26-De casa do gato não vai o rato farto.

27-*De cien em cien años los reys son villanos; y de ciento y seis los villanos reys.*

28-De coisa que não vai, nem vem.

29-De dentro e de fora.

30-De doido pedrada, ou má palavra.

31-Defender a unhas e a dentes.

104Ou "chapelão".

32-De fome a ninguém vi morrer; e muitos sim, de muito comer.

33-De foro, nem um ovo.

34-Degolar-se com sua própria mão.

35-De hora a hora Deus melhora.

36-De uma hora para a outra cai a casa.

37-De um caminho dois mandados.

38-De um gosto mil desgostos.

39-De um oução ou argueiro[105] fazer um cavaleiro.

40-Dei-lhe nas eibas[?].

41-Deitar azeite no fogo.

42-Deitar em saco roto.

43-Deitar pedras preciosas a porcos.

44-Deixar meninices.

45-Deixar nas pontas do touro.

46-Deixar o certo pelo duvidoso.

47-Deixemos de zombar e falemos de siso.

48-Deixemos pais e avós, e por nós sejamos bons.

49-Deixou-me nas pontas do touro.

50-Deixou-o com a boca aberta.

51-*Del dicho al hecho va gran trecho*.

52-De mal em pior.

53-Demanda de pouco porte.

105Ou seja, de um ácaro ou de algo insignificante.

54-Demandar sete pés ao carneiro.

55-De maus costumes nascem boas leis.

56-De manhã em manhã perde o cordeiro a lã.

57-De muito confiado se perdeu.

58-De muitos poucos se faz um muito.

59-De noite sonha no que de dia anda cuidando.

60-De noite todos os gatos são pardos.

61-Deus aceita a boa vontade.

62-Deus ajuda aos que trabalham.

63-Deus desavenha quem nos mantenha.

64-Deus está diante dos amigos.

65-Deus sabe o que nos é melhor.

66-Deus te guarde de párrafo de Legista, e de Infra de Canonista, e de Etcétera de Escrivão, e de Recipe de Matasão[106].

67-De pedra e cal.

68-De pequenino se torce o pepino.

69-De pequenos grãos se junta grande monte.

70-De pequeno verás que boi terás.

71-Depois de beber cada um dá seu parecer.

____

106É possível que esta expressão se deva ao facto ao facto de existirem nessas profissões um conjunto de estratégias que poderiam fazer com que o cliente tivesse de pagar (ou explorar) mais.

72-Depois de vindimas, cavanejos[107].

73-Depressa se toma o rato que só sabe um buraco.

74-De quem do seu foi mau despenseiro, não fies teu dinheiro[108].

75-Deram-lhe miolos de asno.

76-De rico a soberbo não há [um] palmo inteiro.

77-De ruim gesto nunca bom feito.

78-De ruim nunca bom bocado.

79-De ruim pagador, [recebe-se] em farelos.

80-De ruim pano nunca bom saio.

81-Desenterrar os mortos.

82-Despreza teu inimigo, serás logo vencido.

83-Desterrar para Guisó[?][109].

84-Destes e dos ungidos.

85-De tal acha tal racha.

86-De tal madeiro tal acha.

87-De tal mestre tais discípulos.

107"Cavanejos" são cestos de verga, possivelmente aqueles em que o fruto da vindima era transportado.

108Ou seja, algo como "não emprestes dinheiro a quem não o emprestava".

109Certamente um local, mas a leitura do original não é certa.

234

88- De tal tenda tal ferramenta.

89- De "tens" a "queres" o terço perdes.

90- De tua pele se trata.

91- De tudo se Deus serve.

92- Devagar se vai ao longe.

93- Deu Deus asas à formiga para se perder mais asinha[110].

94- Deve a capa.

95- Deve os olhos da cara.

96- Deu-me Deus um ovo, e esse goro[u].

97- Deu o Deus na eira, perdeu Maria na macieira.

98- Dia de São Martinho prova o teu vinho.

99- Dificuldade indissolúvel.

100- Digo uma e digo outra, que quem não fia não faz touca.

101- Dilata para seu mal, e a dilatação lhe cairá às costas.

102- *Dime con quien tratas, dir te he quien eres*[111].

103- Dinheiro emprestaste, inimigo ganhaste.

104- Direi isto em duas palavras.

---

110 Neste contexto "asinha" significa "depressa".

111 Esta expressão foi traduzida para Português e ainda existe nos nossos dias – "Diz-me com quem andas, dir-te-ei quem és".

105-	Disse a caldeira à sertã "Tir-te lá, não me luxes".

106-	Ditoso[112] é quem experimenta em cabeça alheia.

107-	Dizes uma coisa por outra.

108-	Diz-me com quem andas, dir-te-ei que manhas tens.

109-	Dizem os filhos ao soalheiro o que ouvem a seus pais ao fumeiro.

110-	Dizem os sinos de Santo Antão, por dar dão.

111-	Dizendo e fazendo.

112-	Dizer a montão, ou sem conselho.

113-	Dizer bem por diante, e roer por detrás.

114-	Dizer quanto lhe vem à boca.

115-	Doce é a guerra para quem não andou nela.

116-	Do contado come o lobo.

117-	Do mal guardado come o gato.

118-	Do mal o menos.

119-	Do Natal a Santa Luzia cresce um palmo o dia.

120-	Onde[113] o clérigo canta, daí janta.

121-	Onde te querem aí te convidam.

112Ou "desafortunado".

113Tanto aqui como no provérbio seguinte o original começava com "Donde".

122-   *Donde veyo a Pedro fallar Gallego?*

123-   Do pão do meu compadre grande fatia a meu afilhado.

124-   Do pouco pouco, e do muito muito.

125-   Do princípio até ao fim.

126-   Dor de mulher morta dura até à porta.

127-   Dorme como um arganaz[114].

128-   Dorme como pedra em poço.

129-   Dormir a maior levar.

130-   Dormir quieto e estando seguro do negócio.

131-   Do ruge-ruge se fazem as cascavéis.

132-   Dos meninos se fazem os homens.

133-   Douchelo vivo, douchelo morto.

134-   Doido varrido.

135-   Dois a um.

136-   Dois sóis não cabem no mundo.

137-   Duas ceias más em um ventre cabem.

138-   Duas verdes com uma madura.

139-   Duro com duro não faz bom muro.

E

1- *Echelas màs blandas.*

114Uma espécie de roedor.

2- *El consejo del viejo.*

3- Ele o quis.

4- Ele se deitou na lama.

5- Na terra dos cegos o torto é rei.

6- Em boa hora.

7- Em boa mão jaz o pandeiro.

8- Em casa de Gonçalo mais pode a galinha que o galo[115].

9- Em casa de ladrão não fales em baraço[116].

10-Em casa de mulher rica, ela manda, ela grita.

11-Em longa geração há conde e ladrão.

12-Em má hora.

13-Em nome de Deus.

14-No velho e no menino o benefício é perdido.

15-Em pessoa de ceptro não há vício secreto.

16-Empreende feito cavaleiroso.

17-Enquanto temos saúde.

18-Enquanto há dinheiro, há amigos.

115Novamente surge aqui uma rima, de "Gonçalo" com "galo". É provável que seja intencional, e que o nome tenha sido usado propositadamente por causa desta rima.

116Um "baraço" é uma corda usada para enforcar os criminosos.

19-Em sua casa cada qual é rei.

20-Em tal signo nasci, que mais quero para mim, que
   para ti.

21-Em tempo de figos não há amigos.

22-Em toda a parte há um pedaço de mau caminho.

23-Em toda a parte se come pão e se vive.

24-Encalhar, sem poder ir adiante nem tornar atrás.

25-Encostar-se ao bem parado.

26-Enfeitai o cepo, parecerá mancebo.

27-Enfeitiçais a todos, para vos amarem.

28-Engoda meninos.

29-Engou a velha os bredos, souberam-lhe bem,
   lambeu os dedos.

30-Ensinais parvos.

31-Ensinais-me a comer?

32-Entende primeiro e fala derradeiro.

33-Entende de pão de nora.

34-Entra-lhe por um ouvido e sai-lhe por outro.

35-Entre o prometer e o dar, tua filha hás-de casar.

36-Entre pai e irmãos não metas as mãos.

37-*En tu villa como em tu villa, y em Sevilla como
   em Sevilla.*

38-E o cão com o osso.

39-Erguem-se as tripeças, abatem-se as cadeiras.

40-Errou totalmente o Norte.

41-És como ripanço[117], que só serve de uma coisa.

42-Esconder-se ficando todo à mostra.

43-Escarmentar[118] em cabeça alheia.

44-Escusar-se com achaques frívolos, como dizendo
   que tem um osso num pé.

45-Esmolou Mateus, esmolou pelos seus.

46-Espantar a caça.

47-Despertar o cão que dorme.

48-Esse é meu amigo, que mói no meu moinho.

49-Está bem limada esta poesia.

50-Está cheio de si.

51-Está com o sentido em França.

52-Está de pedra e cal.

53-Está um adro.

54-Estais com o sentido em Caparica.

55-Estais sempre *a la mira*.

56-Estais em vós, ou fora de vós?

57-Estais nelas, e de ventura.

58-Está mais contente que gato com trambolho[119].

117O "ripanço" é, efectivamente, um instrumento
   que só serve para uma coisa. Porém, essa sua
   função depende do ofício em que é utilizado.

118Ou "experimentar".

59-Está por um fio.

60-Está-se comendo com raiva.

61-Estar com uma mão sobre outra.

62-Está com o sentido em Caparica.

63-Estar como vilão em casa de seu sogro.

64-Estar entre talas e em grande aperto.

65-Estar na aldeia e não ver as casas.

66-Esteve à dependura.

67-Estorninhos e pardais, todos querem ser iguais.

68-Estou como o peixe na água.

69-Estou feito de fel e vinagre.

70-Eu farei por minhas mossas[?] de pão.

71-Eu vos lerei a cartilha.

72-Experimentar em cabeça alheia.

F

1- Faceta segura.

2- Fala bocados de ouro.

3- Fala com sete pedras na mão.

119Neste contexto é possível que "trambolho" signifique algo de pouco valor. Ainda hoje os gatos se divertem com coisas dessa natureza, como caixas de cartão.

4- Falais de palanque.

5- Falai no lobo, ver-lhe-eis a pele.

6- Falai no ruim, logo aparece.

7- Falais com um pão.

8- Falais de farto.

9- Falando com cortesia de vossas mercês.

10-Falam em alhos, responde em bugalhos.

11-Falará sobre cabeça de tinhoso.

12-Falar de coração, ou com bofes lavados.

13-Falar, falar não enche a barriga.

14-Falar por duas bocas.

15-Faltando a familiaridade, falta a amizade.

16-Falta-nos ainda muito por ver e saber.

17-Fardel[120] de pedinte nunca é cheio.

18-Fartar gatos, que é dia de Entrudo.

19-Farto está o carneiro quando marra com o companheiro.

20-Faz de mim bobo.

21-Faz de mim gato sapato; ou mangas ao Demo.

22-Fazei primeiro conta com a bolsa.

23-Fazeis de uma pulga um cavaleiro.

24-Fazeis uma, e rogais a Deus por outra.

25-Fazeis orelhas de mercador.

____

120Ou "farnel", são a mesma coisa.

26-Fazei-vos mel, comer-vos-ão as moscas.

27-Fazenda herdada é menos estimada.

28-Fazem-se as barbas um ao outro.

29-Faz o que te manda teu senhor, sentar-te-ás com ele ao sol.

30-Faz pé atrás, melhor saltarás.

31-Faz por ter, vir-te-ão ver.

32-Fazer as coisas às avessas.

33-Fazer cocos.

34-Fazer conta sem a hóspeda.

35-Fazer da necessidade virtude.

36-Fazer dar dois pontos na boca.

37-Fazer das tripas coração.

38-Fazer de uma pulga um cavaleiro armado.

39-Fazer de um caminho dois mandados.

40-Fazer de pessoa.

41-Fazer do céu cebola.

42-Fazer do ladrão fiel.

43-Fazer entrudo.

44-Fazer extremos por dá cá aquela palha.

45-Fazer franquezas.

46-Fazer o pé para o sapato.

47-Fazer orelhas de mercador.

48-Fazer-se parvo por não remar.

49-Fazer tudo às pancadas.

50-Faz teu filho herdeiro, não o faças despenseiro.

51-Faz ofício de ripanço.

52-Faz-se rouco porque é louco.

53-Feixe mal atado.

54-Formoso e aleivoso.

55-Feros de Castelhano lançais.

56-Fez a ida do corvo.

57-Fiar delgado.

58-Fiarei dele ouro em pó.

59-Fiar tão delgado que se quebre o fio.

60-Ficou o vilão com a aguilhada[121] na mão.

61-Fidalgo de casta.

62-Filho do Diabo.

63-Filhos e criados não os amimar, quem os quer
   lograr.

64-Fizeste-o, paga-o.

65-Foges de quem te quer bem, e queres bem a
   quem te mata.

66-Fugi do alcaide, caí no meirinho.

67-Fugi do lodo e caí no arroio.

68-Fugir a vela e remo.

69-Fugir da volta do touro.

121Uma vara para instigar os bois.

244

70-Fugir do fumo e cair no fogo.

71-Fogo vistes, linguiça.

72-Foi-lhe um anjo vindo do céu.

73-Foi-me um cavalo na guerra.

74-Foi queda de ambos.

75-Foi-se com as orelhas baixas.

76-Foi-se-lhe a boca à verdade.

77-Fome e frio, mete-te com teu inimigo.

78-Fomos por lã e viemos tosquiados.

79-Foste-me um anjo da guarda.

80-Furtar galinha e apregoar rodilha.

81-Furtar o carneiro e dar os pés por amor de Deus.

G

1- Galinha gorda de pouco dinheiro.

2- Ganhá-lo e comê-lo.

3- Gastais largo à custa de barba longa.

4- Gato escaldado de água fria tem medo.

5- Gato miador nunca [é] bom morador.

6- Gesto de ouro, cabelos de prata e olhos de escarlata.

7- Gloria vã floresce e não gradece[122].

____

122Ou "cresce".

8- Gota e gota o mar se esgota.

9- Grande carga, fraca besta; dizem os corvos, nossa é esta.

10-Grande esforço em pequeno corpo.

11-Grande patranha.

12-Grande saber é não falar e comer.

13-Grandes atoardas[123], tudo nada.

14-Grão a grão enche a galinha (etc.)

15-Grão de milho em boca de asno.

16-Guardado é o que Deus guarda.

17-Guarda da volta do touro.

18-Guarda de cão que manqueja.

19-Guarda na mocidade para a velhice.

20-Guarda pão para Maio e lenha para Abril.

21-Guardar daqueles que a natureza assinalou.

22-*Guardar la rifa para la llora*.

23-Guardar que comer, e não que fazer.

24-Guerra, caça e amores, por um prazer cem dores.

H

1- Há males que vêm por bens.

2- É bem-aventurado quem com o perigo alheio se

____

123Ou "boatos".

faz precatado[124].

3- É como burro de Vicente, que cada feira vale menos.

4- É da têmpera velha.

5- É Diabo para os ratos.

6- É doido varrido.

7- É duas vezes tolo quem faz o mal e o apregoa.

8- É falar com uma arca encourada.

9- É falar com um pão.

10-É feito de alfenim[125].

11-É feito de pedra e cal.

12-É fogo de monturo, queima sem labareda.

13-É grão saber calar e comer.

14-É uma galinha.

15-É uma grimpa[126].

16-É um arrebata-punhadas[127].

17-É um beliz[128].

18-É um cerne.

124"Cauteloso, atento".

125É uma espécie de massa para fazer doces.

126Ou "cata-vento".

127Um "arrebata-punhadas" é um homem muito desordeiro, que causa muita confusão.

128Ou "esperto".

19-É um cesto roto.

20-É um cuspe-cuspe[129].

21-É um ninguém.

22-É um Satanás.

23-É um Sátiro na rusticidade.

24-É um Cid[130].

25-É um Tussaro[?].

26-Tenho medo que me dêem alguma moxinga[131].

27-É má carne.

28-É macio como veludo.

29-É mais áspero nas palavras que um ouriço.

30-É mais conhecido que cão ruivo.

31-É mais pobre que Jó.

32-É mais velho que serpe.

33-É minha perseguição.

34-É muito migalheiro.

35-É pedra de toque.

36-É saco roto.

37-É salsa de São Bernardo.

38-É rico como uma besta.

129Uma espécie de peixe miúdo.

130Possivelmente em referência ao herói espanhol, conhecido do texto *Cantar de mio Cid*.

131Ou "tareia".

248

39-É roupa de Franceses.

40-É tão bom que o papam moscas.

41-É tão certo como dois e dois são quatro.

42-É taramela[132] de figueira.

43-*Hidalgo como el rey, dinero no tanto.*

44-Homem atrevido dura como vaso de vidro.

45-Homem de bom juízo.

46-Homem de dois rostos.

47-Homem desleixado e desatado.

48-Homem de más respostas.

49-Homem de nossa massa, com quem nos
amassamos.

50-Homem enfadonho.

51-Homem honrado não há mister guardado.

52-Homem honrado antes morto que injuriado.

53-Homem grande não desce a coisas baixas.

54-Homem grande, besta de pão.

55-Homem incansável, ou inexorável.

56-Homem grimpa, e inconstante.

57-Homem magro, e não de fome, guarda-te dele
como de outro homem.

58-Homem péssimo.

––––––––––––––

132Uma espécie de peça de madeira usada para
assegurar que uma porta não abria.

59- Homem pobre com pouco se alegra.

60- Homem que muito promete e nada dá.

61- Homem que não sabe, nem diz senão o que lhe dizem.

62- Homem que não vale um caracol.

63- Homem que se sabe acomodar aos tempos.

64- Honra ao bom para que te honre, e ao mau para que te não desonre.

65- Honra e proveito não cabem num saco.

66- Hóspede de mão vazia, ande lá via[133].

67- Hóspede que jejua e não ceia, bem vindo seja.

68- Uma[134] andorinha não faz [o] Verão.

69- Uma azeitona ouro, segunda prata, terceira mata.

70- Uma demanda traz outra.

71- Uma figa há em Roma, para quem lhe dão e não toma.

72- Uma mão lava a outra, e ambas o rosto.

73- Uma mentira acarreta ou descobre outra.

74- Uma peçonha mata a outra.

75- Uma sã com uma podre. Ou uma verde com uma madura.

---

133 Ou seja, um hóspede que nada tem para dar.

134 No original estas expressões começavam por "Huma".

250

76-Um bocado leva outro.

77-Um diabo metido em casa.

78-Um dia melhor que outro.

79-Um emaranhou, outro desemaranhou.

80-Uma hora cai a casa, e não cada dia.

81-Uma hora melhor que outra.

82-Um no papo, outro no saco.

83-Um por dentro, outro por fora.

84-Um ruim com outro se quer.

85-Um ruim conhece outro ruim.

86-Um ruim se toma com outro ruim.

87-Um trabalho é véspera de outro.

I

1- Já a burra jaz no pó.

2- Já aquele jaz.

3- Já come o pão aos meninos.

4- Já não é quem ser soía[135].

5- Já não somos quem ser soíamos.

6- Já não sou quem ser soía; tenho o sangue frio.

7- Já no mar, já na terra. E sem consistência.

8- Jantar sem vinho.

135Ou "costumava".

9- Já o corvo não há-de ter as asas mais negras.

10-Já tendes fantasia, mancebinho do verdoso?

11-Ide embora.

12-Ide pelo meio, e não caíreis.

13-Ides Norte e Sul.

14-Ainda[136] isto há-de dormir muitas noites fora de casa.

15-Intentar todos os meios.

16-Invidar[137] o resto.

17-Ir buscar lã e vir tosquiado.

18-Ir de paz e de guerra.

19-Ir e vir num pé.

20-Ir pelo caminho das carretas.

21-Ir seu mole mole.

22-Isto demanda mais água.

23-Isso são cocos de meninos[138].

24-Isto está ainda muito verde.

25-Isto é falar Português, e claro.

____

136No original, "inda".

137Possivelmente "esforçar".

138É possível que esta seja uma referência à Coca, ou Coco, uma figura infantil que era usada para assustar as crianças, como o "Papão" dos nossos dias.

26-Isto é jogo de meninos.

27-Isto é muito tresler[139].

28-Isto sabem-no cães e gatos.

29-Isto tem dente de coelho.

30-Isto vos há-de dar na cabeça.

31-Juízo de Deus.

32-Juízo de sábios.

33-Juiz piedoso faz o povo cruel.

L

1- Ladainha de males.

2- Lágrimas de Crocodilo.

3- Lágrimas de herdeiros, risos secretos.

4- Lágrimas nos olhos, riso no coração.

5- *La mucha conversación es causa de menosprecio.*

6- Lançar a pedra; esconder a mão.

7- Lançar mão da ocasião.

8- Lançar o pé além da mão.

9- Lançar pedras preciosas a porcos.

10-Lançou-lhe água na fervura.

11-Lá para dia de São Serejó [?].

139Pelo contexto o significado não é claro, mas poderá referir-se a "tolices".

12-*La so aja Marta com sus pollos.*

13-Lá vão leis onde querem reis.

14-Lá vai quanto Marta fiou. Ou lá vai o russo e as canastras.

15-Lé com lé e cré com cré, cada um com os de sua relé.

16-Lembra-me como por sonhos.

17-Leva couro e cabelo.

18-Levais água ao mar.

19-Levar água ao mar.

20-Levar a negra.

21-Levar as lampas[140].

22-Levar a todos pela mesma esteira.

23-Levar boa vida.

24-Leve a fortuna tantas agulhas ferrugentas.

25-Leve é a dor que o siso encobre.

26-Levou a oposição com pantana.

27-Liberal do alheio.

28-Liberal do lisonjeiro.

29-Língua de praga.

30-Língua longa é final de mão curta.

31-Logo me deu no coração.

32-Longas vias, longas mentiras.

140Ou "relâmpagos".

M

1- Má carne.

2- Macio como veludo, ou macio como sono.

3- Má estreia.

4- Má hora vá contigo.

5- Mais asinha se torna o mentiroso que o coxo.

6- Mais barato é o comprado que o pedido.

7- Mais faz quem quer que quem pode.

8- Mais há quem suje a sala, que quem a varra.

9- Mais perto estão dentes que parentes.

10-Mais quero alho que me leve, do que cavalo que
   me derrube.

11-Mais quero que me tenham inveja do que
   compaixão.

12-Mais sabe o tolo no seu, que o sisudo no alheio.

13-Mais se sabe por experiência que por aprender.

14-Mais vale a mecha que o sebo.

15-Mais vale amigo na praça que dinheiro na arca.

16-Mais vale calar que falar.

17-Mais vale um passarinho na mão, que dois que
   vão voando.

18-Mais vale um "toma" que dois "te darei".

19-Mais vale penhor na arca que fiador na praça.

20-Mais vale quem Deus ajuda, que quem muito madruga.

21-Mais vale saber que haver[141].

22-Mais vale salto de mata, que rogo de bons.

23-Mais vale tarde que nunca.

24-Mais vale vergonha no rosto que mágoa no coração.

25-Mais vêem dois olhos que um.

26-Mal abominável.

27-*Mal ageno no cura mi dolor*.

28-Mal haja quem calvo penteia.

29-Mal daqui, pior dali.

30-Mal de muitos, gozo é.

31-Malhais em mim como em centeio verde.

32-Malhar em ferro frio.

33-Mal me querem minhas comadres, porque lhes digo as verdades.

34-Mal me serves, pior te pagarei.

35-Mal se dói o farto do faminto.

36-Mal vai à casa onde a roca manda à espada.

37-Mal vai a corte onde o boi velho não tosse.

38-Mal vai ao passarinho na mão do menino.

141Ou "ter".

39-Mal vai a raposa quando anda aos grilos.

40-Mancebo velho no siso.

41-Mandar não quer par.

42-Manso como sono[?].

43-Mão de mestre mezinha é.

44-Mão posta ajuda é.

45-Mão virá, que bom me fará.

46-Mata a brasa.

47-Matar dois coelhos de uma cajadada.

48-Medir a todos pela mesma rasoura[142].

49-Melhor é calar que falar mal.

50-Melhor é dobrar que quebrar.

51-Melhor é errar com muitos que acertar com
    poucos.

52-Melhor é fazer agastar um cão que uma velha.

53-Melhor é um passarinho na mão, que dois que vão
    voando.

54-Melhor é mau concerto que boa demanda.

55-Melhor é mudar conselho que perseverar no erro.

56-Melhor é perder por temporão que por serôdio[143].

142Ou "bitola", num sentido mais metafórico. A
    "rasoura" é um instrumento para tirar as rebarbas
    à madeira.

143Ou "... por prematuro do que por tardio".

57-Melhor é só que mal acompanhado.

58-Mel nos beiços, fel no coração.

59-Mel novo, vinho velho.

60-Mel pelos beiços.

61-Mentir nem zombando.

62-Mercadoria barata, roubo das bolsas.

63-Merece alvíssaras.

64-Merece o pão que come.

65-Metei a mão no seio.

66-Metei a mão no seio e não direis dos outros.

67-Meter-lhe o dedo na boca.

68-Metei-vos onde vos não chamam.

69-Metei-vos nas conchas.

70-Meteu-o nas encospas[144].

71-Meter a palha na albarda, e enganar.

72-Meter a papa na boca.

73-Meter o resto.

74-Meter os cães na moita, e ficar de fora.

75-Meter-se nas conchas.

76-Meter-se onde o não chamam.

77-Meu dinheiro, teu dinheiro; vamos à taverna.

78-Meu dito, meu feito.

144Ou "alargadeiras", as peças que eram usadas para alargar o calçado.

79-Meus filhos criados, meus trabalhos dobrados.

80-Mesa acabada, companhia desfeita.

81-Miguel, Miguel, não tens abelhas e vendes mel[145].

82-Minha comadre andadora, tirando sua casa, em todas as outras mora.

83-Minha comadre [tem] o ofício da rã, bebe e palra.

84-Misturar alhos com bugalhos.

85-Moço de frade, mandai-o comer e não que trabalhe.

86-Mofina[146] de cão.

87-Mulher, vento, tempo e fortuna presto[147] se muda[m].

88-Mole mole longe vai o homem.

89-Morder a quem morde.

90-Morra Marta e morra farta.

91-Morrem os gatos, banqueteiam-se os ratos.

92-Mudar fato e cabana.

93-Muita palha e pouco grão.

____

145 O nome de "Miguel" é aqui usado para rimar com "mel", sendo mais possível que tenha sido um nome escolhido com esse propósito do que uma situação provinda de alguma história da época.

146 Ou "miséria".

147 Ou "rapidamente".

94- Muitas mãos e poucos cabelos asinha são depenados.

95- Muito falar, muito errar.

96- Muito falar, pouco saber.

97- Muito pão tem Castela, mas quem o não tem, lazeira[148].

98- Muito pede o sandeu, mas mais o é quem lhe dá o seu.

99- Muito pode o galo no seu poleiro.

100- Muito prometer é sinal de pouco dar.

101- Muito sabe a raposa, mas mais quem a toma.

102- Muitos amigos em geral, e um em especial.

103- Muitos falam e exortam, poucos obram.

104- Muitos Pedreannes há na terra[149].

105- Muitos são os amigos e poucos os escolhidos.

106- Muito vai de alhos a bugalhos.

107- Muito vai de Pedro a Pedro.

108- Mula que faz "him" e mulher que fala Latim, raramente tem bom fim.

---

148 Ou "que desgraça!"

149 Este provérbio provém de uma altura em que existiam muitas pessoas com esse nome. É o equivalente a dizer-se, nos nossos dias, "Muitas Marias há na terra".

N

1- Na água envolta pesca o pescador.

2- Na arca aberta o justo peca.

3- Na arca do avarento o Diabo jaz dentro.

4- Na barba do tolo aprende o barbeiro novo.

5- Na casa cheia asinha se faz ceia.

6- Nasce-lhe erva à porta.

7- Nascido em boa hora, e para felicidades.

8- Nascido em má hora.

9- Nada duvida quem nada sabe.

10-Nadais contra a veia da água.

11-Nada lhe escapa.

12-Nadar e nadar, ir morrer à beira.

13-Nadar sem bexiga.

14-Nada tem quem se não contenta com o que tem.

15-Na mesa cheia bem parece iguaria alheia.

16-Na ocasião se vê quem cada um é.

17-Não tenhas dó de quem tem muita roupa e faz má
    cama.

18-Não amanses potro, nem tomes conselho de
    louco.

19-Não andeis passarinhando.

20-Não há segredo que tarde ou cedo não seja
descoberto.

21-Não batemos moeda, e é necessário gastar com
tento.

22-Não bebas coisa que não vejas, nem assines carta
que não leias.

23-Não cabe na bainha.

24-Não caibo na pele.

25-Não corre o tempo a todas as coisas.

26-Não corta as bainhas.

27-Não cures de ser picão, nem traves contra razão,
se queres lograr tuas cãs com tuas queixadas sãs.

28-Não dá quem tem, senão quem quer bem.

29-Não darei por isso um figo podre.

30-Não deiteis azeite no fogo.

31-Não dês a todos a torcer teu braço.

32-Não dês o dedo ao vilão, porque te tomará a mão.

33-Não escapara no ventre da baleia.

34-Não espanteis o cão que dorme.

35-Não faço mais caso disso que de um tremoço.

36-Não fazem boa farinha, e não conchavalham[?].

37-Não fez Deus quem desamparasse.

38-Não fiar de cão que manqueja[150].

150Ou "coxeia".

39-Não fiarei dele um figo podre.

40-Não ficou rasto dele.

41-Não há atalho sem trabalho.

42-Não há casamento pobre nem mortalha rica.

43-Não há coisa dificultosa aos homens.

44-Não há coisa rogada que não seja cara.

45-Não há geração sem rameira e ladrão.

46-Não há gosto que não custe.

47-Não há gosto sem desgosto.

48-Não há mal que muito dure, nem bem que ature.

49-Não há melhor cirurgião que o bem acutilado.

50-Não há melhor espelho que o amigo velho.

51-Não há morte sem achaque.

52-Não há prazer onde não há comer.

53-Não há que espantar, tudo há no mundo.

54-Não há Rainha sem sua vizinha.

55-Não há regra sem excepção.

56-Não há romeiro que diga mal do seu bordão.

57-Não é esta a bota para seu pé.

58-Não é [da] forma de seu pé.

59-Não é o Diabo tão feio como o pintam.

60-Não é pega, nem gavião.

61-Não é peixe nem carne.

62-Não é peixe podre.

63-Não é pobre o que tem pouco, senão o que cobiça muito.

64-Não é todo trigo.

65-Não é vilão o da vila, senão o que faz vilania.

66-Não ireis pela pendência a Roma.

67-Não lança milho a pintãos[151][?].

68-Não lhe dá pelo bico do sapato.

69-Não lhe vivo no casal.

70-Não me pago do amigo, que come o seu só, e o meu comigo.

71-Não metas a mão em prato onde te fiquem as unhas.

72-Não meterei com ele pé em barca.

73-Não me tireis a terreiro.

74-Não moverei uma palha.

75-Não nos doa a cabeça até lá.

76-Não o hei-de crer, mas que o veja.

77-Não o posso ver dos olhos.

78-Não peças a quem pediu, nem sirvas a quem serviu.

79-Não pondes as coisas em seu lugar.

80-Não quero, não quero, metei-mo neste capelo.

81-Não ruge nem muge.

____

151Talvez "pintões", ou seja, pintos grandes.

264

82-Não sabe mandar quem nunca soube obedecer.

83-Não sabe da missa a metade.

84-Não sabe dizer palavra.

85-Não sabe governar quem a todos quer contentar.

86-Não sabe o que tem.

87-Não saiais fora de vossa esfera, ou condição.

88-Não sair do ninho.

89-Não se arrancando a silveira[152], padece a videira.

90-Não te conheces a ti mesmo.

91-Não se faz logo tudo de pancada.

92-Não se fez Roma num dia.

93-Não se fia nem da camisa que traz vestida.

94-Não se ganham trutas a bragas enxutas.

95-Não se há-de dar com a barca no monte por
   qualquer coisa.

96-Não se há-de levar tudo ao cabo.

97-Não sei o que faça.

98-Não se pode viver sem amigos.

99-Não se tem inveja aos defuntos e apartados,
   senão aos vizinhos e chegados.

100-   Não se tira o natural.

101-   Não sou adivinho.

102-   Não tarde quem vem.

152Ou "as silvas".

103- Não te alegres com o meu dolo, que quando o meu for velho o teu será novo.

104- Não te deves fiar senão daquele com quem já comeste um moio de sal.

105- Não tem eira, nem beira, nem ramo de figueira.

106- Não tem pé e quer dar coice.

107- Não tem pés nem cabeça.

108- Não tem real nem ceitil[153].

109- Não tem seguro [o] seu estado [um] rei desarmado.

110- Não tenho tempo para me coçar.

111- Não trata mais que de se encher.

112- Não vai pelo caminho de seus pais.

113- Não vale um bazaruco, ou não vale as copas da sarabanda[154].

114- Não vos metais na eira alheia.

115- Não vos metais onde vos não chamam.

116- Não vos tenhais a tenças alheias.

117- Não vou lá, nem faço míngua.

____

153"Ceitil" quer aqui referir-se a uma soma de dinheiro muito pequena.

154Em ambos os casos a expressão refere-se a algo de muito pouco, ou nenhum, valor.

266

118-   Na terra dos cegos o [homem com olho?] torto
    é rei.

119-   Negar a luz do meio dia.

120-   Nem a todos dar, nem com todos guerrear.

121-   Nem as donas em sobrado, nem as rãs em
    charco, nem as agulhas em saco, podem estar
    sem deitar a cabeça fora.

122-   Nem cada dia rabo de sardinha.

123-   Porque um achou num tio uma machadinha, e
    cada dia ia buscar mais.

124-   Nem cães o comerão.

125-   Nem sapateiro sem dentes, nem escudeiro
    sem parentes.

126-   Nem de cada malha peixe, nem de cada moita
    feixe.

127-   Nem um dedo faz mão, nem uma andorinha
    Verão.

128-   Nem muito ao mar, nem muito à terra.

129-   Nem palavra.

130-   Nem por imaginação.

131-   Nem por muito madrugar amanhece mais
    cedo.

132-   Nem preso nem cativo tem amigo.

133-   Nem rio sem vão, nem geração sem mau.

134- Nem sempre o Diabo está detrás da porta.

135- Nem sempre o homem está de lua, ou de vez.

136- Nem tão bom que o papem moscas.

137- Nem tanto Amem que se dane a missa.

138- Nem tanto, nem tampouco.

139- Nem tanto puxar que se quebre a corda.

140- Nem todo o mato é orégão.

141- Nem todos têm as mesmas partes.

142- Nem tudo o que é verdade se diz.

143- Nem tudo o que reluz é ouro.

144- Nem zombando, nem de veras com teu amo partas pêras.

145- Ninguém corre após nós.

146- Ninguém diga "deste pão não comerei".

147- Ninguém é bom juiz em causa própria.

148- Ninguém é bom senhor se não foi bom servidor.

149- Ninguém o saiba.

150- Ninguém pode servir a dois senhores.

151- Ninguém se contenta com sua sorte.

152- Ninguém se meta no que não sabe.

153- Ninguém se meta onde o não chamam.

154- Ninguém sempre acerta.

155- Ninguém vê o argueiro no seu olho.

156-   Ninho de guincho.

157-   No açougue quem mal fala, mal ouve.

158-   No mor[155] aperto a mor destreza.

159-   No muito falar há muito errar.

160-   No sofrer e abster está todo o vencer.

161-   Nos trabalhos não se há mister choro senão
    socorro.

162-   Nos trabalhos se vêem os amigos.

163-   Nunca de bom Mouro bom Cristão.

164-   Nunca de corvo bom ovo.

165-   Nunca de má árvore bom fruto.

166-   Nunca de rabo de porco bom virote.

167-   Nunca foi bom amigo quem por pouco quebrou
    a amizade.

168-   Nunca [um] lobo mata outro.

169-   Nunca o castigo tarda a quem o tempo avisa e
    não se guarda.

170-   Nunca o ele logre.

171-   Nunca se perde o bem fazer.

172-   Nunca tal burra albardei.

O

155Ou "maior".

1- O amigo fingido conhecê-lo-ás no ruído.

2- O amor e a fé nas obras se vê.

3- O avarento por um real perde cento.

4- O bem fazer floresce e todo o mal perece.

5- O bem fazer não se perde.

6- O bem ganhado se perde e o mal, seu dono e ele.

7- O bem guisado abre a vontade de comer.

8- O bem nunca enfada.

9- O boi pela ponta e o homem pela palavra.

10- O bom saber é calar até ser tempo de falar.

11- O bom vinho a venda traz consigo, ou o bom
   vinho não há mister ramo.

12- O braço de rei e a lança longo alcança.

13- Obras são amores e não palavras doces.

14- O buraco chama o ladrão.

15- O caro é barato e o barato é caro.

16- O cavalo engorda com o olho de seu dono.

17- O costume faz hábito.

18- O Diabo to disse.

19- O dinheiro não mata a fome.

20- Ódio entranhável.

21- O farto do jejum não tem cuidado algum.

22- O fumo, a mulher e a goteira lançam ao homem
   de sua casa fora.

23-O hábito não faz o frade.

24-O homem é fogo e a mulher estopa; vem o Diabo e assopra.

25-O homem propõe e Deus dispõe.

26-O hóspede e o peixe aos três dias aborrece.

27-O ignorante a todos repreende, e fala mais do que menos entende.

28-O ignorante é o que mais fala.

29-*Digo y callo por el tiempo en que me hallo.*

30-O ladrão cuida que todos o são.

31-O ladrão que anda com o frade, ou o frade será ladrão, ou o ladrão frade.

32-Oliveira não tem folha, o pavão lhe a comeu toda.

33-O lobo muda o pêlo, mas não o vezo[156].

34-O mal entra às braçadas e sai às polegadas.

35-O mal e o bem à face vem.

36-O mal ganhado leva-o o Diabo.

37-O mal que faz o lobo apraz ao corvo.

38-O medo guarda a vinha e não o vinheiro[157].

39-O medo mete a lebre a caminho.

40-O mimo lança a perder os filhos.

41-O moço mal criado de seu muito fala, e sendo

156Ou "vício".

157Ou "vinhateiro", i.e. aquele que cuida da vinha.

perguntado, cala.

42-O moço que não é castigado, nem será cortesão nem letrado.

43-O montanhês por defender uma parvoíce, dirá três.

44-O muito dinheiro fará teu filho cavaleiro.

45-O muito riso é final de pouco siso.

46-O mundo dá muitas voltas.

47-Onde a galinha tem os ovos, lá se lhe vão os olhos.

48-Onde bem me vai tenho mãe e pai.

49-Onde está o galo não canta a galinha.

50-Onde força há, direito se perde.

51-Onde há muito riso, há pouco siso.

52-*Onde las dan, las llevan*.

53-Onde muitos mandam e nenhum obedece, tudo fenece[158].

54-Onde vai mais fundo o rio, aí faz menos ruído.

55-Onde[159].

56-O parvo calado pouco dista do [homem] avisado.

57-O parvo sabe a sua custa.

____

158Ou "falece, morre".

159Este "onde" é um provérbio apresentado na obra original.

58-O peixe e o cochino[160], a vida em água e a morte em vinho.

59-O que à noite se faz, pela manhã aparece.

60-O que bem parece devagar cresce.

61-O que em vida não fizeres, de teus herdeiros não esperes.

62-O que há-de levar o rato, dão ao gato.

63-O que é duro de passar é doce de relembrar.

64-O que perde Cristo ganha o fisco.

65-O que não pode al ser, deves sofrer.

66-O que não podes, dão por amor de Deus.

67-O que se não faz dia de Santa Luzia, faz-se ao outro dia.

68-O que te disser o espelho, não to dirão em conselho.

69-O que vende seu voto.

70-O rico mais enriquece e o pobre mais empobrece.

71-O saber escondido da ignorância vista pouco dista.

72-O sandeu trata do alheio deixando o seu.

73-Os dedos da mão não são iguais.

74-Os homens queremos ver, que os vestidos são de

160O porco, ou o homem que pelo seu carácter se assemelha a ele.

lã.

75-Os males não vêm rogados.

76-Os reis abrangem muito com seu poder.

77-Os tempos não são iguais.

78-Os velhos andam com os dentes, e os mancebos
com os pés.

79-O temor sempre suspeita o pior.

80-O tempo e a ocasião mostram o que se deve
fazer.

81-O tempo faz o ano.

82-O tempo passado é mestre do presente e por vir.

83-O tempo tudo cura.

84-O tempo tudo descobre.

85-O tempo tudo gasta.

86-O tempo tudo traz.

87-O tempo voa.

88-Ou bebê-lo, ou vertê-lo.

89-Ou bem tudo, ou bem nada.

90-Ou comer com trombetas, ou morrer enforcado.

91-Ovelha que berra bocado [que] perde.

92-O velho muda conselho.

93-O velho por não poder, e o moço por não saber,
deitam as coisas a perder.

94-O velho torna a engatinhar.

95-O ventre em jejum não ouve a nenhum.

96-O ventre ensina às pegas, beijo a mão de Vossa
    Mercê.

97-Ouro é o que ouro vale.

98-Ou tudo, ou nada.

P

1- *Paga lo que deves, fanarás del mal que tienes.*

2- Paga o justo pelo pecador.

3- Pagam todos por um.

4- Paga os altos de vazio.

5- Pagareis pelo corpo como São Francisco.

6- Pagar na mesma moeda.

7- *Palabras y plumas el viento las lleva.*

8- Palavra fora da boca, pedra fora da mão.

9- Palavras não custam dinheiro.

10-Panela de muitos, mal cozida e bem comida.

11-Pão comido, companhia desfeita.

12-Pão do vizinho tira o fastio.

13-Pão e queijo mesa posta é.

14-Papa jantares.

15-Parece [que] saíste da casca do ovo.

16-Partilha de Lisboa com Almada; uma leva tudo,

outra nada[161].

17-Passamos como podemos, e não como queremos.

18-Passarinho que na água se cria, sempre por ela pia.

19-Passarinhos e pardais, todos querem ser iguais.

20-Pede o guloso para o desejoso.

21-Pedir mais do que se deve para cobrar o devido.

22-Pedra muito bolida não cria bolor.

23-Pegam-se-lhe as mãos.

24-Pela boca morre o peixe.

25-Pela boca se aquenta o forno.

26-Pela mostra se conhece o pano.

27-Pela palha se conhece qual foi a espiga.

28-Pela ponte de madeiro passa o louco cavaleiro.

29-Pelas obras, e não pelo vestido, é o homem conhecido.

30-Pela semana faz a raposa, com que ao Domingo não vai à igreja.

31-Peleja de namorados são amores renovados.

32-Pelejam as comadres, descobrem-se as verdades.

33-Pelo caminho do bem obedecer se chega ao do

____

161Não deixa de ser muito curioso que este provérbio, mais de 300 anos depois, continue a ser muito aplicável aos nossos dias.

bem mandar.

34-Pelo perto se vai ao longe.

35-Pequeno machado derruba grande sobreiro.

36-Para dia de São Cereijo[162].

37-Para ter [um]a vista bela, olha o mar e mora na terra.

38-Para tudo há remédio, senão para a morte.

39-Perca-se tudo, fique a boa fama.

40-Perda de marido, perda de alguidar, um quebrado, outro no poial.

41-Perdes o feitio.

42-Perdido é quem atrás [de] perdido anda.

43-Perdigão perdeu a pena, não há mal que lhe não venha[163].

44-Perdoar ao mau é dizer-lhe que o seja.

45-Perro velho não aprende a língua.

____

162O "Dia de São Cereijo", como outros provérbios atribuídos a santos que não aparecem no calendário religioso, deve ser interpretado como o "Dia de São Nunca".

163Este provérbio parece vir de um dos poemas de Camões. Se lhe pode ser atribuído, ou se o poeta usou como base uma expressão que já lhe era anterior, é mais difícil de se descobrir.

46-Pescador de cana mais come do que gan[h]a.

47-Pintar como querer.

48-Podes destetar[164] meninos, de seio.

49-Põe o ponto alto para dar no meio.

50-Põe seu pé seguro.

51-Põe tu a mão, e Deus te ajudará.

52-Pondes as coisas fora de seu lugar.

53-Por bem fazer, mal haver.

54-Por carne, vinho e pão, deixo quantos manjares
são.

55-Porcos com frio e homens com vinho fazem
grande ruído.

56-Por dar dão, dizem os sinos de Santo Antão.

57-*Por dinero baila el perro.*

58-Por falta de homens fizeram a meu pai juiz.

59-Por um julgar a todos.

60-Por uns esquecem os outros.

61-Por linha vem a tinha.

62-Por mel pelos beiços.

63-Por mim não se desmanche a festa.

64-*Por nos seamos buenos, y no por nuestros
abuelos.*

164"Destetar" é, neste contexto, o mesmo que
"desmamar".

278

65-Por onde vás, assim como vires, assim farás.

66-Por suas versas julga as alheias.

67-Por teu rei pelejaste, tua casa guardaste.

68-Pouco e em paz, muito se me faz.

69-Pouco medo tem o juiz do alcaide.

70-Pouco rosalgar[165] não faz mal.

71-Preso e cativo não tem amigo.

72-Primeiro estão dentes que parentes.

73-Primeiro que cases vê o que fazes.

74-Primeiro voará um asno para o céu.

75-Prometer montes de ouro.

76-Prometer vilas e castelos.

77-Prova teu caldo não perderás teu pão.

78-Puxar pela capa.

Q

1- Qual o rei tal a grei[166].

2- Qual o rei tal a lei, qual a lei tal a grei.

3- Qual mais, qual menos, toda a lã é pêlos.

4- Qualquer tempo passado foi melhor que o de
agora.

165Uma espécie de veneno.

166Ou "o povo".

5- Quando Deus quer, com todos os ventos chove.

6- Quando Deus não quer, santos não rogam.

7- Quando em casa não está o gato, estende-se o rato.

8- Quando um não quer dois não baralham.

9- Quando os enfermos bradam, os médicos ganham. Ou quando o enfermo diz "ai", o médico diz "dai".

10-Quando te derem o porquinho, acode com o baracinho[167].

11-Quando vires arder as barbas de teu vizinho, deita as tuas em remolho.

12-Quanto faz com a cabeça, desmancha com o rabo.

13-Quanto um mais alto sobe, maior queda dá.

14-Quanto mais temos, mais desejamos.

15-Quanto mais rogam ao ruim, pior é.

16-Quanto mais vivemos, tanto mais sabemos.

17-Quão longe dos olhos, tão longe do coração.

18-Que horas para colher amoras.

____

167Dado o contexto não é totalmente claro, mas provavelmente esta palavra do provérbio refere-se a uma espécie de corda. Qual o seu objectivo, ou associação com a criatura viva dada, é que não é claro.

19-Queimou as pestanas na obra.

20-Queijo de ovelhas, leite de cabras, manteiga de vacas.

21-Quem a boa árvore se chega, boa sombra o cobre.

22-Quem ama a beltrão, ama o seu cão.

23-Quem ama ao feio, formoso lhe parece.

24-Quem anda na guerra dá e leva.

25-Quem ao diante não olha, atrás torna.

26-Quem arreda azo, arreda pecado.

27-Quem as coisas muito apura não vive vida segura.

28-Quem a tolo conselho pede, mais tolo é que ele.

29-Quem a vaca d'el-rei come magra, gorda a paga.

30-Quem azeite mede, as mãos unta.

31-Quem bem está e mal escolhe, por mal que lhe venha não se anoje.

32-Quem bem tem e mal escolhe, por mal que lhe venha não se anoje.

33-Quem bem vive, bem morre.

34-Quem cabritos vende e cabras não tem, de onde lhe vem?

35-Quem cala consente.

36-Quem cala, escusa baralha.

37-Quem cala vence.

38-Quem canta, seus males espanta.

39-Quem comeu a carne, roa o osso.

40-Quem comeu a papa, reze o Pater Noster[168].

41-Quem com o Demo cava a vinha, com o Demo a
   vindima.

42-Quem compra e mente, na bolsa o sente.

43-Quem dá e toma, nasce-lhe uma corcova[169].

44-Quem dá logo, duas vezes dá.

45-Quem dá o pão sem castigo não vai ao paraíso.

46-Quem dá o [que é] seu antes de morrer, aparece-
   lhe a bem sofrer.

47-Quem despreza faltas pequenas cairá nas
   grandes.

48-Quem dinheiro tiver fará o que quiser.

49-Quem dita tem, o vento lhe apanha a lenha.

50-Quem diz o que quer, ouve o que não quer.

51-Quem em mais alto nada, mais depressa se
   afoga.

52-Quem em pedra duas vezes tropeça, não é muito
   quebrar a cabeça.

53-Quem empresta não cobra; se cobra, não todo; se

168A oração do "Pai Nosso", caso o leitor não saiba
   latim.

169Ou "corcunda".

todo, não tal; e se tal, inimigo mortal.

54-Quem engana ao ladrão, cem dias ganha de perdão.

55-Quem escuta, de si ouve.

56-Quem faz a casa na praça, uns dizem que é alta, outros que é baixa.

57-Quem faz bem ao ingrato, compra caro e vende barato.

58-Quem faz pelas coisas, há-as[170].

59-Quem fizer o mal que o pague.

60-Quem gabará a noiva?

61-Quem gasta mais do que tem, mostra que siso não tem.

62-Quem guarda, acha.

63-Quem é mau na sua vila, pior será em Sevilha[171].

64-Quem é mensageiro não merece pancadas.

65-Quem é teu inimigo, o oficial de teu ofício[172].

66-Quem inimigo poupa, às suas mãos morre.

67-Quem laura e cria, ouro fia.

---

170 Ou "tem-nas".

171 "Vila" e "Sevilha" rimavam no original.

172 Ou seja, sucintamente, duas pessoas que partilham um mesmo ofício de forma independente podem ser consideradas inimigas.

68-Quem ler isto há-de adivinhar[173].

69-Quem longe vai casar, ou vai enganado ou vai enganar.

70-Quem mais parvo, mais confiado.

71-Quem mais quer que bem, a mal vem.

72-Que mais mete na barca, mais saca.

73-Quem mal começa, mal acaba.

74-Quem mal cospe, duas vezes se limpa.

75-Quem mal faz, por mal espere.

76-Quem mal vive, mal acaba.

77-Quem más manhas há[174], tarde ou nunca as perderá.

78-Quem mata alvéola sabe mais que ela.

79-Quem a mim me quer bem, diz-me do que sabe e dá-me do que tem.

80-Quem mente arrede testemunhas.

81-Quem mente não vende boa gente.

82-Quem mete a Judas com as almas dos pobres?

83-Quem muitas vezes vai à cadeia, é sinal de forca.

84-Quem muito abarca, pouco abraça.

85-Quem muito ao fogo se chega, queima-se.

____

173Sim, é mesmo um provérbio, não é uma brincadeira da parte do autor...

174Ou "tem".

86-Quem muito fala e pouco entende, por ruim se vende.

87-Quem muito pede, muito fede.

88-Quem muito promete, pouco dá.

89-Quem muito tem, mais deseja.

90-Quem não busca a Deus na vida, é deixado de Deus na morte.

91-Quem não der de suas pêras, não espere das alheias.

92-Quem não fala, não o ouve Deus.

93-Quem não pode andar a cavalo, ande a pé.

94-Quem não quer trabalho, não quer ganho.

95-Quem não sabe, pergunte.

96-Quem não sabe sofrer não sabe rogar.

97-Quem não tem farinha escusa peneira.

98-Quem não tem pão alvo come do ralo.

99-Quem não tem que faça, merque[175] uma pata, torne-a a vender, terá que fazer.

100-   Quem não tem sogra nem cunhada é bem casada.

101-   Quem não tem vergonha não tem honra.

102-   Quem não tem vergonha, todo o mundo é seu.

103-   Quem não trabalha não come.

175Ou "compre".

104-   Quem nega e depois faz, quer paz.

105-   Quem o alheio veste, na praça o despe.

106-   Quem o Demo toma uma vez, sempre lhe fica um jeito.

107-   Quem o feio ama, formoso lhe parece.

108-   Quem o fez, [que] o pague.

109-   Quem pede para a candeia nunca se deita sem ceia.

110-   Quem pode ser livre, não se cative.

111-   Quem pode ser seu, em ser de outrem é sandeu.

112-   Quem porcos busca, a cada moita lhe grunhem.

113-   Quem porfia, mata caça.

114-   Quem primeiro anda, primeiro ganha.

115-   Quem quando pode não quer, quando quer não pode.

116-   Quem quer cavalo sem tacha, sem ele se acha.

117-   Quem quer mal cear, à noite o vá buscar.

118-   Quem quiser bem cear, a sua casa o vá buscar.

119-   Quem quiser comer, depene.

120-   Quem quiser ser muito tempo velho, comece-o a ser cedo.

121-   Quem sabe da luta, luta; quem não sabe da luta, labuta[176].

122-   Quem sabe ofício não morre de fome.

123-   Quem se bem estreia, bem lhe venha.

124-   Quem sempre mente, vergonha não sente.

125-   Quem se não aventurou, não perdeu nem ganhou.

126-   Quem se não governa a si, como quer governar os outros?

127-   Quem se queima, alhos come.

128-   Quem serve ao comum, serve a nenhum.

129-   Quem só come o seu galo, só sela o seu cavalo.

130-   Quem só se aconselha, só se depena.

131-   Quem tarda, arrecada.

132-   Quem te conhece [que] te compre.

133-   Quem te faz festa não a soendo fazer[177], ou te quer enganar, ou te há mister[178].

134-   Quem tem boca vai a Roma.

135-   Quem tem bom ninho não mude jazigo.

136-   Quem teme, algo deve.

____

176Ou talvez "esforça-se".

177Ou seja, "não lhe sendo costume fazê-lo".

178"Ou precisa de ti".

137- Quem te mete, João Topete[179], com carapuça de grumete.

138- Quem tem fome cardos come.

139- Quem tem inimigos não dorme.

140- Quem dorme, dorme-lhe a fazenda.

141- Quem tem ofício não morre de fome.

142- Quem tempo tem e tempo espera, tempo é que o Demo lhe leva.

143- Quem tem pouco não pode dar muito.

144- Quem tem sangue faz chouriços.

145- Quem tem telhado de vidro, não [a]tire ao de seu vizinho.

146- Quem tem vergonha cai de magro.

147- Quem te não roga, não lhe vás à voda[180].

148- Quem todo o quer, todo o perde.

149- Quem tarde nasce, tarde se endireita.

150- Quem troca odre por odre, algum deles há-de ser podre.

151- Quem vem não tarda.

---

179 Fora desta compilação parecem existir mais alguns provérbios que mencionam um "João Topete", mas não foi possível encontrar qualquer origem para esse nome.

180 Ou "boda, casamento".

152- Quem veste ruim pano, veste-se duas vezes no ano.

153- Quem vier detrás feche a porta.

154- Quer cegar a gente.

155- Queres cobrir o céu com uma joeira[181].

156- Quereis que vos metam a papa na boca.

157- Queres que te siga o cão, dá-lhe pão.

R

1- Raposa que tarda, caça aguarda.

2- Ratinho fidalgo.

3- Rato que não sabe mais que um buraco, depressa o toma o gato.

4- Recoveiro[182] que leva carga, com mentir a desembarga.

5- Rego aberto meia jeira é.

6- Remar contra a água.

7- Remar por si.

8- Remenda teu pano, chegar-te-á ao ano.

9- Renovar feridas velhas.

10-Renego de contas com parentes, e de dívidas com

____

181Possivelmente uma "peneira".

182Ou "almocreve".

ausentes.

11-Repreender velho e espulgar[183] cão, duas doidices.

12-Responder pelas mesmas consoantes.

13-Rezão que leva a bóia ao fundo.

14-Rir às paredes, e fora de tempo.

15-Ruim seja por quem ficar.

16-Ruim seja por quem ruim se tem.

17-Roma não se fez num dia.

18-Roupa de Franceses.

19-Rou, rou, faça-se o que el-rei mandou.

20-Ruivo de mal pêlo, mete o Diabo no capelo.

S

1- Sabe as pancadas ao vinte.

2- Sabe como sete peleteiros[184], e como um dos sete sábios da Grécia.

3- Sabem-no cães e gatos.

4- Sábio no nome.

5- Saca acha a racha.

6- Saiu de um atoleiro e meteu-se noutro.

183"Espulgar" é o mesmo que tentar tirar todas as pulgas de um cão.

184São vendedores de peles.

7- Saiu do lodo e caiu no arroio.

8- Sair das conchas.

9- Salamanca a uns sara, a outros manca.

10-Salsa de São Bernardo.

11-Sangrar em saúde.

12-Sanha de vilão, perda de sua casa.

13-São como um peto[185].

14-São grandes camaradas.

15-São Miguel das uvas, tarde vens e pouco duras.

16-São verdes.

17-Se assim corres como bebes, vamos às lebres.

18-Se bem me quer João, suas obras o dirão.

19-Se cair o céu, matará as cotovias.

20-Segredos queres saber, busca-os no pesar e no
   prazer.

21-Segue a formiga, viverás com fadiga.

22-Segue a razão, posto que a uns agrade, a outros
   não.

23-Seguir o bem parado.

24-Segura está a mercadoria.

25-Semeia e cria, terás alegria.

185O significado da palavra é difícil de descortinar
   neste contexto, podendo significar "vesgo" ou
   "maçador".

26-Sempre a verdade saiu vencedora.

27-*Sempre deves de medir tus negócios por los fines, para que mejor atines.*

28-Sempre o fogo faz gasalhado[186].

29-Sempre o rabo é mau de esfolar.

30-Sempre promete em dúvida, pois no dar ninguém te ajuda.

31-Se não bebo na taverna, folgo-me nela.

32-Se queres aprender a orar, entra no mar.

33-Se queres bem casar, casa com o teu igual.

34-Se queres bom conselho, pede-o a homem velho.

35-Se queres cedo engordar, come com fome e bebe devagar.

36-Se queres enfermar, ceia e vai-te deitar.

37-Se queres saber quem é o vilão, mete-lhe a vara na mão.

38-Se queres ser bom juiz, ouve o que cada um diz.

39-Se queres ser pobre sem o sentir, mete obreiro e deita-te a dormir.

40-Se queres ser rico, calça de vaca e veste de fino.

41-Se queres ter boa fama, não te tome o sol na cama.

42-Se queres ter inimigo, empresta-lhe o teu e pede-

186Ou "agasalho".

lho [de volta].

43-Ser bisonho[187] no ofício.

44-Ser previsto.

45-Se te dá o pobre, é para que mais te tome.

46-Se te fizeres mel, comer-te-ão as moscas.

47-*Si la pildora bien supiera, no la dorara por de fuera.*

48-*Si mucho las pintas y regalas, de buenas hijas harás malas.*

49-Sim sim, não não.

50-Só aos pobres se faz justiça, e para os castigar.

51-Sobre mim fique.

52-Sobre pêras vinho bebas.

53-Sobre vossa pele se trata.

54-Sofra-se quem penas tem, que trás tempo, tempo vem.

55-Sois boca de praga.

56-Sois feito às avessas.

57-Sois um desmancha prazeres.

58-Sol na eira, chuva no nabal.

59-Sonhava o cego que via, sonhava o que queria.

60-Sopa de mel não se faz para boca de asno.

61-Sua cara defende sua pousada.

187"Inexperiente", ou "tímido".

T

1- Tais com tais.

2- Tais alfaces para tais beiços.

3- Tal vai de guerra.

4- Também a formiga tem catarro. Ou também João Vaz[188] tem besta.

5- Também tenho duas mãos. Ou também nossa espada corta.

6- Tão bom é Pedro como seu amo. Ou tal é o servo como o senhor.

7- Tantas vezes vai o cantarinho à fonte até que quebra.

8- Tanto dá a água na pedra até que quebra.

9- Tanto me dá disso, como de chiar um carro.

10-Tanto morre o Papa como o que não tem capa.

11-Tanto pica a pega na raiz do trovisco que quebra o bico.

12-Tantos morrem dos cordeiros como dos carneiros.

13-*Tanto tienes, tanto vales*.

14-Taparam-lhe a boca com dinheiro.

188Outra figura agora desconhecida.

294

15-Taramela[189], ou gralha no falar.

16-*Tarde piache*[190].

17-Telha de igreja sempre goteja.

18-Tem de seu o que lhe basta, ou tem o que há
   mister.

19-Teme quem deve; quem não deve não teme.

20-Tem um poço de ouro.

21-Tem medo de um oução[191].

22-Tem olhos de toupeira.

23-Tempo de guerra, mentiras por mar e por terra.

24-Tempo e hora não se ata com soga[192].

25-Tem sangue no olho.

26-Tem varinha de quondam[193].

27-Tem unha.

28-Tenho-lhe o pé no pescoço.

29-Tentar o derradeiro remédio.

30-Ter a Deus por um pé.

189Uma pessoa que fala muito.

190Um provérbio de Espanha, "Falaste [ou piaste]
   tarde".

191Ou "ácaro".

192Ou "corda".

193"Condão"; a expressão usada aparentemente
   deriva do Latim.

31-Ter as mãos no seio, e de preguiça.

32-Ter começado é meio caminho acabado.

33-Ter costas quentes em alguém.

34-Ter de sua mão.

35-Ter graça, ou ser engraçado.

36-Ter palavras de mel e coração de fel.

37-Tirar a sardinha, ou castanha, com a mão do gato.

38-Tirar à cega lagarta.

39-[A]tirar com barro à parede, até que pegue.

40-Tirar da boca do lobo.

41-Tirar forças da fraqueza.

42-Tirar o bocado da boca, e dá-lo a outrem.

43-Tir-te la ganho, não me dês perda.

44-Todas as coisas têm seu tempo, e os nabos no advento.

45-Todo o homem põe a mão no chão de quando em quando.

46-Todo o bom acaba.

47-Todo o sangue é vermelho.

48-Todo o mundo quer justiça, mas não em sua casa.

49-Todos falam por uma boca.

50-Todos ao ruim, e ruim a todos.

51-Todos manquejam[194] de um pé.

52-Todos os ameaçados comem pão.

53-Todos os passatempos param em dor.

54-Todos querem saber, mas ninguém pagar.

55-Todos são da mesma estofa.

56-Todos se chegam ao bem parado.

57-Todos têm seu pé de pavão.

58-Tolo vai a Santarém, tolo vai e tolo vem[195].

59-Toma a garça no ar.

60-Tomai o panete. Tomai as de Vila Diogo[196].

61-Tomai o tole.

62-Tomais cesta por balesta.

63-Tomar as de Vila Diogo.

64-Tomar experiência em cabeça alheia.

65-Tomar o céu com as mãos.

66-Tomar o freio nos dentes.

67-Tomar o panete.

68-Tornar a engatinhar.

194Ou "coxeiam".

195Obviamente que o nome de Santarém foi aqui usado por motivos de rima.

196"Vila Diogo" era uma povoação de Espanha em que numa dada altura os judeus podiam circular livremente, sem serem perseguidos.

69-Tornar para trás[,] como caranguejo.

70-Touro que me escornou[197], em bom lugar me lançou.

71-Trabalhar com todo o corpo.

72-Trabalhar de balde.

73-Trabalho é caminhar a cavalo, que a pé é morrer.

74-Tratar só de si.

75-Três coisas ao homem fazem medrar – ciência, mar e casa real.

76-Três coisas destroem ao homem – muito falar e pouco saber, muito gastar e pouco ter, muito presumir e pouco valer.

77-Trinta tem Novembro, Abril, Junho e Setembro; vinte oito tem um, e outros trinta e um.

78-Triste da casa onde a galinha canta e o galo cala.

79-Tudo acaba, senão amar a Deus.

80-Tudo há no mundo.

81-Tudo enfada; só a variedade recreia.

82-Tudo pode o dinheiro.

83-Tudo põem sobre si, e não tem mais que o que veste.

84-Tudo se diz e tudo se sabe.

85-Tudo se quer em meio.

197Ou seja, "feriu com os cornos".

298

86-Tudo vos sucede a pedir por boca.

87-Tu que não podes, leva-me às costas.

V

1- Vai brincar com a maçã do escaravelho.

2- Vai buscar pé de boi.

3- Vai cardar lã de cágados.

4- Vai cozer a fornada.

5- Vai de mal em pior.

6- Vai muito de uma coisa a outra.

7- Vai rir à feira.

8- Vai salgar queijos.

9- Vai-se a língua à verdade.

10-Vai-se com o cesto roto.

11-Vai-se o tempo como o vento.

12-Vai-te a força.

13-Valente do dente.

14-Vale quem tem.

15-Varinha de *quondam*.

16-Vá sobre mim.

17-Vaso mau nunca quebra.

18-Vedes os touros de palanque.

19-Velho centenário.

20-Velho como serpe.

21-Velho gaiteiro.

22-Velho menino.

23-Vê-lo com o olho e comê-lo com a testa.

24-Vê mais que um lince.

25-Vem a ventura a quem a procura.

26-Vem-me o mal que me soe vir; que depois de farto, me ponho a dormir.

27-Vencer a língua é mais que vencer arraiais.

28-Vencer a mãos lavadas.

29-Vencer-se a si é mais que vencer o mundo.

30-Vende a esposado e compra a enforcado.

31-Vende em casa e compra na feira, se queres sair de lazeira[198].

32-Vender gato por lebre.

33-Vento e ventura pouco dura.

34-Ventura te dê Deus, filho, que saber pouco te basta.

35-Ver a estrela no meio dia.

36-Ver os touros de palanque.

37-Uso ponhas que não tolhas.

38-Vida é prazer a de quem não tem saber.

39-Vieste ao atar das feridas.

198Ou "desgraça".

40-Vinho do meio, mel do fundo, azeite de riba.

41-Vinho velho, amigo velho, ouro velho.

42-Viu-se o Demo em socos e logo quis pisar os outros.

43-Vir a andar por portas.

44-Vir a ser tido em conta.

45-Vista faz fé.

46-Viva a galinha e viva com sua pevide.

47-Viva quem vence.

48-Viver de presente sem ter conta com o futuro.

49-Voar um asno para o céu.

50-*Voluntad es vida*.

51-Vossas obras dizem quem vós sois.

52-Usa, serás mestre.

Z

1- Zombai com o tolo em casa, zombará convosco na praça.

---/ FIM / ---

www.ingramcontent.com/pod-product-compliance
Lightning Source LLC
Chambersburg PA
CBHW061333250726
48657CB00004B/1149